自治力の躍動

自治体政策法務が拓く自治・分権

北村喜宣 著

公職研

はしがき

「自治力の○○」と題するエッセイ集を初めて出版したのは、二〇〇一年であった。この表現は、一九九〇年代末に話題になっていた「老人力」にヒントをえたものであったように記憶する。自治体に自己決定などができるのかという中央政府の冷ややかな目を意識して、「今に見ていろ！」という気持ちでタイトルを決めたのであった。その気持ちは、政策法務研究における基本的意識として持続している。

地方自治とは、国家のなかにあって、自治体が自分で決めるべきことを自分で決めることをいう。国は自治体がそうできるように振る舞い、自治体はそれを実践するのが、日本国憲法の命令である。

そのことが再確認されてから、早くも一五年が経過した。国民や住民の信託を受けている国政や自治体政は、はたしてそれを実現しているのだろうか。たしかに改革は進行し、自治体はこれに対応している。しかし、現実に展開している動きは、二〇〇〇年の分権改革がめざしたものだろうか。

最近の動きをみていると、これが社会の求めた改革なのかと感じることがある。この方向を既定路線にしてよいものかと感じることもある。そうした想いが、研究にも反映している。

本書『自治力の躍動』は、『自治実務セミナー』『産業と環境』『自治体法務研究』の三誌に連載されたエッセイのうち、三八本を選んで編んだものである。第Ⅰ部「分権法治主義の諸相」の八本、第Ⅱ部「自治体の第一次一括法・第二次一括法対応」の六本では、進行する動きに対する危機感を背景に、私なりの問題提起をし、自治体政策法務の可能性を検討した。第Ⅲ部「自治的法解釈と条例」の七本、第Ⅳ部「まちづくりと条例」の一二本、第Ⅴ部「暴力団対策と条例」の五本では、自治体現場で展開する行政について、政策法務的観点からコメントした。

本書の出版にあたっては、私のホームグラウンドであるかながわ政策法務研究会での研究仲間でもある公職研の友岡一郎さんにお世話になった。自治力シリーズの相棒である横須賀市役所の宮川恭之画伯にも謝意を表したい。

二〇一五年　菜の花が眩しい朝

北村喜宣

◎目次

はしがき

第Ⅰ部　分権法治主義の諸相

1 「法律による行政」考──自治体政策実現の手段　2
2 法律のカタチ──国と自治体の適切な役割分担　5
3 立法改革の原点──消えてしまった憲法九二条　8
4 沈黙の解釈──憲法四一条と九二条　11
5 法律制定権の限界──立法裁量の枠づけ　14
6 三訂・ベクトル説──条例三基準の位置づけ　17
7 立法から解釈論へ──「通知」という枠付け緩和方策　20
8 分権改革と原告適格──見落とされている視点　23

第Ⅱ部　自治体の第一次一括法・第二次一括法対応

9 決めることには決めたけど…──市町村における条例対応の実情　26
10 不合理の強要?──枠付け緩和作業の意味　29
11 能力無理矢理証明戦略?──条例義務づけの意味　32
12 つき出し条例?──「従うべき基準」の拘束力　35

13 明文規定がなくてもできるッ！――佐賀県条例の将来 38
14 前例踏襲？――特別措置としての分権改革戦術 41

第Ⅲ部　自治的法解釈と条例

15 法律実施条例と独立条例の合体――京都市伝統的木造建築物保存活用条例 44
16 一線越えないおつきあい？――千葉県林地開発行為適正化条例 48
17 明文規定なき横出しリンク条例――福岡市屋台基本条例 51
18 公調委の真意――北海道砂利採取条例事件裁定 54
19 斬れる刀――条例の法律抵触性判断基準 57
20 草刈り行政代執行――名張市雑草除去条例 60
21 過剰包摂修正の意義――地方自治法新九六条二項 63

第Ⅳ部　まちづくりと条例

22 「条例で定める図書」の活用――景観法施行規則一条二項四号条例 66
23 白菜の芯!?――高松市景観条例・施行規則 69
24 たかが空き家、されど空き家――環境条例最先端！ 72
25 交渉による行政――空き家対策としての緊急安全措置 75
26 所有者情報の提供――地方税法二二条と空き家条例 79

27 最高裁判決の射程距離を考える——牛久市あき家適正管理条例 82
28 自治配慮的立法——条例先行の場合の法律のあり方 85
29 Separate, but Equal?——空き家対策条例における県・市町村関係 88
30 半・独立条例!?——空き家対策における県・市町村関係 91
31 言い訳の天才!?——建築基準法一〇条三項命令と老朽不適正管理家屋 95
32 激変緩和の自治的対応——見附市固定資産税減免要綱 99
33 比較にならない大津波——空きマンション問題 102

第V部　暴力団対策と条例

34 全国統一条例!——暴排条例現象に想う 105
35 キツイ一撃!——暴力団員該当性判断の危うさ 109
36 カタギにならせて!——個人情報としての暴力団情報 112
37 信じる者は救われる（かも）?——暴力団条項と欠格要件 115
38 意外に広い可能性?——従うべき基準と暴力団条項 118

イラスト　宮川恭之

《初出一覧》

「よりみち環境法」（『自治実務セミナー』連載、第一法規）

157、159、172、168、175、177、153、179、169、178、162、165、183、180、161、154、155、160、164、170、176、173、156、152、166、182、171（連載回番号は掲載順）

「環境法政策の発想」（『産業と環境』連載、産業と環境）

134、147、146、133、129、124、137、139、143、142（連載回番号は掲載順）

「巻頭言」（『自治体法務研究』、ぎょうせい）

2013年夏号

第Ⅰ部　分権法治主義の諸相

1 「法律による行政」考
——自治体政策実現の手段

レールを走る自治体行政

「法律と自治体の関係を図示せよ」といわれたら、自治体職員はどのような図を描くだろうか。おそらく典型的なものは、法律の下に自治体があるようなイメージであろう。法律は、自治体事務を創出するとともに自治体に事務の実施を命じているのであるから、当然といえば当然かもしれない。「国会が敷いた法律というレールのうえを、自治体行政という列車が走る」のである。それによって、当該法律の目的が達成されるというわけである。

分権時代の新たなモデル

こうした認識は古典的といってよいが、果たして分権時代にも維持されるべきだろうか。こうした問題提起をすると、怪訝な顔をされそうであるが、私には、別のモデルが憲法の要請するところになってきているように感じられてならない。以下、それを素描する。

団体自治の復権

分権改革は、法原理的には、憲法九二条が保障する団体自治の復権であった。その法理論的意義は十分に解明されていないように感じるが、少なくとも、日本国という国家のなかに国と自治体が存

在し、両者が適切な役割分担をしながら国民・住民の福祉向上を図るという点は明確になった。

　その趣旨は、地方自治法一条の二に規定されている。ここでは、第一項「地方公共団体は、住民の福祉の増進を図ることを基本として、地域における行政を自主的かつ総合的に実施する役割を広く担うものとする」に注目したい。

「事務の処理」としての「法律の実施」

　松本英昭『新版逐条地方自治法〔第七次改訂版〕』（学陽書房、二〇一三年）によれば、ここにいう「行政」とは、自治法二条二項にいう「事務の処理」のことであり、「自主的かつ総合的に実施する」とは、自治体が「行政の企画・立案、選択、調整、管理・執行などを、自らの判断と責任に基づいて、各行政間の調和と調整を確保しつつ一貫して処理する」ことである。事務の処理には、法律の実施が当然に含まれる。

法律の上位に自治体政策が

これを踏まえると、個別法律の上位に「自治体政策」が位置すると考えられないだろうか。個別法律が自治体行政を通じて実施されるというイメージではなく、自治体政策が個別法律の自治体行政による実施を通じて実現されるというイメージである。自治体政策とは何か、どのような形で表現されるのか、など詰めるべき点は少なくないが、自治体は、自らの政策実現の手段として法律を利用すると考えるのである。自治体政策が上位に位置づけられるのは、個別法が憲法九二条のもとにあるからである。憲法適合的に解釈すれば、このようになるのではなかろうか。これも「法律による行政」である。

自治体政策を読み込む

もちろん、自治体政策といっても、法律が明確にある方向の政策を打ち出している場合において、それを正面から否定するような行政は違法である。しかし、そうではない場合、たとえば、環境保全や暴力団排除といった政策を、横出し基準として条例によって追加して、法律にもとづき許可をしたり許可取消しをしたりすることも違法ではないとは考えられないだろうか。地方自治法一条の二第一項がいうように、自治体は総合的な政策立案・実施主体なのであり、個別法を総合的視点から実施することも可能になっているのである。

OSの転換にふさわしい議論を

「法律にそうした条例対応を認める明文規定がないからできない」というだけの形式主義的な考え方は、事務が自治体のものとなった現在、理論的に成立しない。もっとも、「それでは何が可能か」となると、確定的な考え方は存在していないのが現状である。ここで示した考え方は、あまりに前衛的ではあろうが、「OSの転換」を実現した分権改革をさらに進めるための議論として、試論的に提示した。

2

法律のカタチ
——国と自治体の適切な役割分担

憲法九二条が理想とする法律構造

地方自治法一条の二第二項は、法律が自治体の事務を規定する場合には、自治体の自主性と自立性が発揮できるように制度設計されなければならないと命ずる。また、同法二条一三項は、自治体の事務については、地域特性に応じた対応が可能になるように制度設計されなければならないと命ずる。これは、憲法九二条を具体化した裁判規範にもなる命令であると解されるが、それを前提にした場合、どのような法律構造がありうるだろうか。いくつかのモデルを考えてみよう。

国の完結的決定モデル

第一は、機関委任事務を規定していた時代の法律である。現在も、多くの法律がこのモデルに該当する。すなわち、法律本則および政省令を通じて、国がすべてを決めきり、その実施を自治体に義務づけるものである。全国画一的適用が予定され、自治体ごとの独自対応は想定されない。

条例修正可能モデル

第二は、第一のモデルを基本としつつも、政省令の規定事項について、条例による修正を可能とするものである。どの事項に関して条例対応が可能かは、法律本則中に明示される。事務の実施は義務的である。条例を制定しないかぎりは、全国画一的な規定内容が適用されることになる。都市計画法三三条三項の開発許可基準条例が、このモデルである。

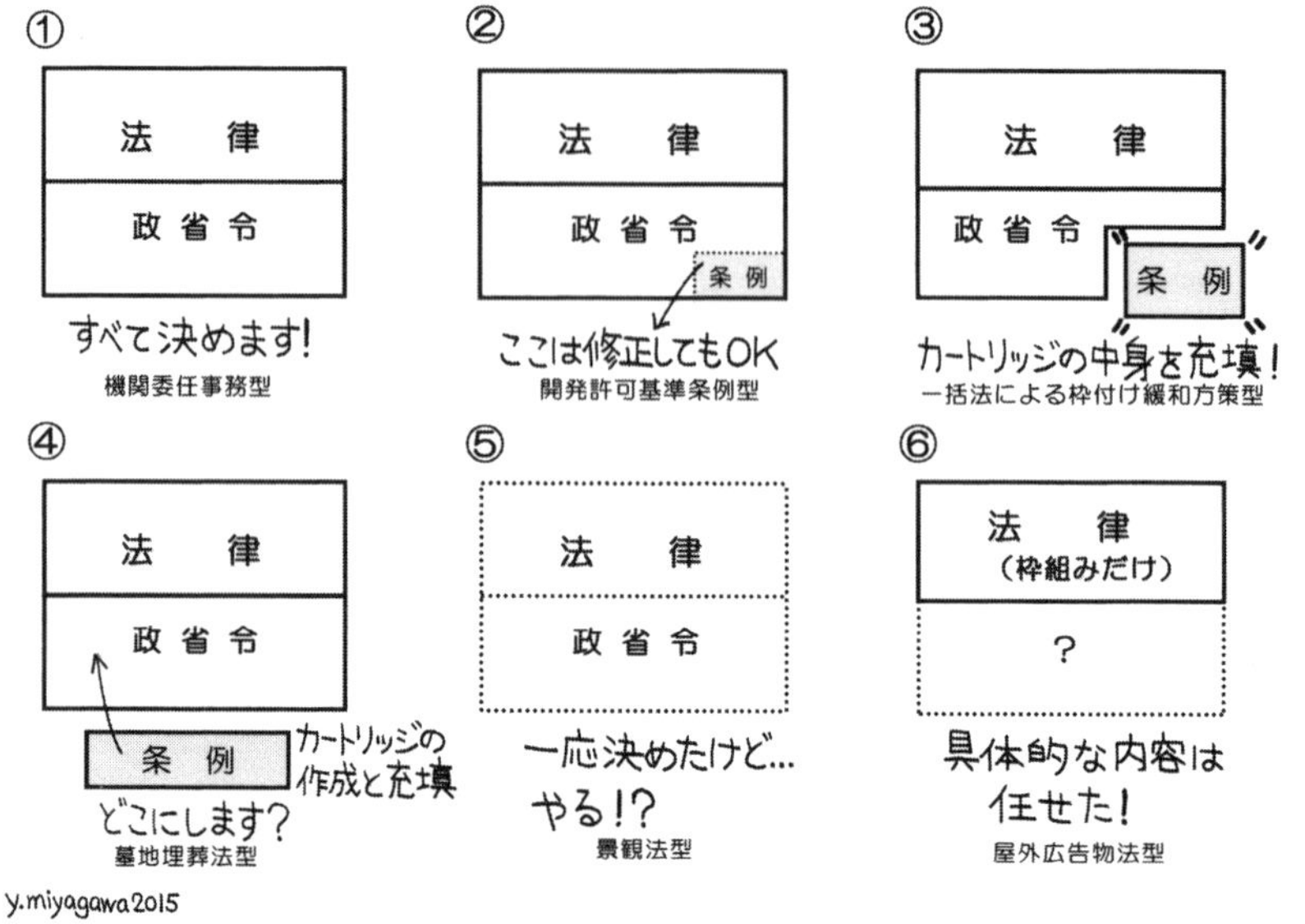

内容充填モデル　第三は、第二のモデルの亜流である。すなわち、基本的に第一のモデルを維持しつつ、特定の政省令規定事項に関し、全面的に条例の決定にゆだねるものである。たとえていえば、カートリッジを自治体に渡して、その中身の充填を求めるのである。その作業がされないかぎり法規としては成立せず、法律の実施ができない。指定事項以外については、政省令の一律基準が適用される。第一次一括法や第二次一括法による枠付け緩和方策がとるモデルである。

項目の条例決定モデル　第四は、カートリッジの作成および充填の両方を自治体決定にゆだねるモデルである。何をカートリッジにするかについては議論があろうが、ここでは、たとえば許可制という規制方法は法定事項としつつ、その対象、規模、基準、手続を自治体決定とするようなものを考える。違反にする不利益処分や罰則は、法定事項となる。「墓地、埋葬等に関する法律」（墓地埋葬法）がこのタイプといえるだろう。

実施の条例決定モデル　第五は、法律と政省令で一応の内容を規定するものの、それを実施するかどうかは自治体の決定にゆだねるモデルである。景観法がこれにあたる。条例により、地域特性に応じた対応を規定することも可能になる。

枠組法モデル　第六は、ある目的で規制をすることのみを法律で規定するとともにおおよその内容をそこで示すけれども、具体的内容のすべてを自治体決定にゆだねるモデルである。屋外広告物法はこのタイプである。条例による対応を求めつつも、最低の規定事項を法定する公営住宅法もこのタイプである。枠組法として意識されているのは、このモデルかもしれない。

人権の性質と自治体決定の強度　枠付けの緩和が国家的課題となっているが、以上のモデルのうちどれがめざされるべきだろうか。国の事務のみを規定するのであれば別であるが、そこに自治体の事務を規定し法律対象者との関係で自治体を前面に据える法システムをとる場合には、第一モデルでないことは確実である。あとのモデルのどれをとるかは、保護法益によるのではないだろうか。傾向としていえば、人格権や生存権が直接に問題になる場合には、国が決める部分が多くなり、結果的に自治体が決める部分は少なくなる。一方、財産権などの経済的自由権の規制をする場合には、その割合が逆転する。

法案作成を中央政府にさせるかぎりは、自治体決定が多くなる内容にはなかなかならない。国地方協議の場においては、こうしたモデルを参考にして、法案のあるべき姿が議論されるべきであろう。

3 立法改革の原点
——消えてしまった憲法九二条

原点としての最終報告　日本における分権改革の原点たる認識は、どこに示されているのだろうか。異見もあろうが、私は、地方分権推進委員会『分権型社会の創造：その道筋』〔地方分権改革推進委員会最終報告〕（二〇〇一年六月一四日）と考えている。

憲法九二条の意味　その後も折に触れて読み返す文書である。再読して思うところが大きかったのが、次の一節である。「〔日本国憲法〕第九二条では、「地方公共団体の組織及び運営に関する事項は、地方自治の本旨に基いて、法律でこれを定める」とされていることから、地方自治制度の制度設計はあげて国会の立法に委ねられているかのような誤解を招きかねない。もとより、これは正しい憲法解釈ではあり得ないのであって、この条項の元来の主旨を生かすべく、「地方自治の本旨に基いて」を重視する憲法解釈がさまざまに積み重ねられてきた」。

具体化作業の必要　この文章に続いて、同報告は、新たに設けられた地方自治法一条の二、二条一一項・一二項をあげ、それが「「地方自治の本旨」の意味内容を豊かにする」作業であったという認識を示す。そのうえで、それらを「更に一段と豊かに具体化していく必要がある」としている。第一次と第二次の一括法を通じてなされた作業は、そのための取組みといえるのだろう。大方の認識は、「国と自治体の両者ところで、分権改革の推進は、誰の責任で行われるべきものであろうか。大方の認識は、「国と自治体の両者によって」であろう。もちろん、それぞれの役割にもとづいてであるが、その際には、同報告が懸念したように、憲法九二条の規定ぶりをそのままに受け止めて国会の立法裁量を大きく認めるような解釈をするべきではないことが、明確に意識されなければならない。

条例通則規定と第三次勧告　こうした認識を再確認したうえで、両一括法に至るプロセスを振り返ると、どうしても引っかかる文章がある。地方分権改革推進委員会『第三次勧告』（二〇〇九年一〇月）のなかで、上書き論に寄せて示されたものである。有名な部分であるから再掲はしないが、要するに、⑴法律制定は国権の最高機関たる国会により行われる（憲法四一条）、⑵条例制定は法律の範囲内とされている（憲法九四条）、ことを強調し、その結果、個別法令によらず通則規定で条例による上書きを実現することに否定的な立場を示した。

憲法九二条はなぜ出ない？　なるほどこれも、ひとつの解釈かとは思う。しかしこれは、地方分権推進委員会が明確に否定した「立法裁量無制約論」ではないだろうか。たしかに『第三次勧告』は、枠付け緩和作業の意義を、「条例制定権の保障の範囲を「地方自治の本旨」の観点から設定するという意義を有する取組み」であると認識している。そうではあるけれども、そこで用いられている「地方自治の本旨」という文言の意義は、以前よりもはるかに「軽く」なってしまっているように感じられる。四一条と九四条に言及するのみで、それらを九二条との関係で整理しないのは、その傍証である。

低くなった志　こうした状況を、国にとっての「分権推進のパートナー」である自治体は、どのようにみるだろうか。国がその役割分担にもとづいて分権を進めるならば、憲法九二条を一層正面に出し、自治体の自

己決定を可能にするような法環境を整備することが、その任務のはずである。憲法九二条を具体化した地方自治法の諸規定に照らせば、現行法には問題が多い。それを改正することにより自治の領域を拡大すべき国が、国会の立法裁量を広汎に認めてしまうのでは、およそ自治体の信頼を得ることはできない。

二〇〇一年の『最終報告』と二〇〇九年の『第三次勧告』。八年の月日を経て、分権改革の想いは変わったのだろうか。それとも同じなのだろうか。無責任な外野席の傍観者としては、改革の志が低くなっているように感じる。

4 沈黙の解釈
——憲法四一条と九二条

当然の法理　いわゆる枠付け緩和の作業にあたって、中央政府は、「個別法に条例を認める明文規定がなければ、法定自治事務であっても、自治体は条例を制定できない」と考えているようにもみえる。そのように正面から述べた文献に接したことはないが、そのようにいうまでもない「当然の法理」のようでもある。

立法権の侵害　そうであるとすれば、なぜそのような思考になるのだろうか。あるいは、このようなロジックかもしれない。「国会が制定した法律は、その通りに執行されるべきである。権限を与えられた自治体が法律を通じた国会の命令とは異なる対応をしようとすれば、それは国会が明示的に認めていなければならない。そうでないのに、たとえば、条例で規制内容を修正することになれば、それは憲法四一条に反して違憲無効の措置である」。

❸で示した問題意識であるが、こうした考え方に対しては、憲法九二条をどのようにみているのだろうかという疑問がある。まさか、後ろの方にあるから気がつかないというわけではないだろう。

違憲状態の現行法　「地方分権の推進を図るための関係法律の整備等に関する法律」（地方分権一括法）によって一九九九年に新設された地方自治法一条の二、二条一一～一三項については、拘束力の程度の理解において

差はあるものの、憲法九二条の具体化規定であるという整理が一般的である。それらを踏まえた場合の評価になるが、私は、形式的にみれば、現行法令の多くは憲法違反状態であると思う。

おそらく中央政府は、枠付け緩和措置は必要ではあるが、現行法令が違憲状態にあるとまでは考えていないのだろう。違憲判決がされても定数不均衡是正に本腰を入れないのが国であるから、枠付け緩和作業をしていることは評価すべきなのかもしれない。

憲法九二条整合的解釈を　しかし、分権改革は、中央政府自身が「第三の改革」と評しているほどの重さがあるものである。私は、憲法九二条を重く受け止めて、四一条と整合的に解釈すべきであるように感じている。すなわち、四一条にもとづく国会の立法権は、自治体に関係するかぎりにおいて、九二条に枠づけられていると考えるのである。さらに、法令の不完全性という公理も踏まえるべきである。

憲法命令としての地域最適解探究　全国画一的法令をそのまま実施するだけでは、権限を持つ自治体が地域特性適合的対応をするのは困難である。そこで、憲法が地方自治を保障している以上、自治体がその自立的判断によって必要があると考えるのであれば、九四条にもとづく条例制定権を活用して、個別法の制度趣旨に即した対応をすることは、憲法上、当然に予定されている。個別法の運用にあたって地域最適解を探求することは、憲法の命令といってもよい。

条例の包括的承認　そう考えると、個別法に条例を認める明文規定がなくても、それは格別の積極的意味を持たない。国会は、このような対応を否定するがゆえに規定を設けなかったのではない。いずれ何らかの対応がされるとしても、明文規定がない法律のもとで条例による地域特性適合的対応を解釈により認めるのは、国会が地方自治法一条の二、二条一一～一三項を規定したことによって、明示的に容認されているはずである。

このような整理に対しては、国会の立法権を侵害して違憲という評価もありえよう。しかし私は、自治体が対応できないように考えることの方が違憲であると思う。

個別法明文規定必要説は違憲　この後どれくらい続くのかはわからないが、条例制定に関する一括法の制定作業の根底にある考え方が個別法明文規定必要説であるとすれば、それは憲法解釈として適切ではないといわざるをえない。私の誤解があるのかもしれないが、作業に批判的なのは、こうした理由からである。

ところで、憲法四一条と九二条の関係についての議論は、憲法学においては、ほとんどされていないような気がする。私のような素人の思いつき論ではなく、本格的な検討が必要な重要論点なのである。

5

法律制定権の限界

――立法裁量の枠づけ

叱咤激励！　「地域の自主性及び自立性を高めるための改革の推進を図るための関係法律の整備に関する法律」という同名のいわゆる第一次一括法および第二次一括法を受けての条例制定作業が、二〇一三年三月三一日までに終了した。

形式的にみれば、これまで政省令によって中央政府が決定してきた内容を自治体が条例で決定することから、「条例制定権の拡大」「自己決定の実践」などと宣伝されていた。両一括法は二〇一一年に制定されており、作業スケジュールははっきりしていた。しかし、現場の腰は重かった。このため、当時の内閣府地域主権戦略室は、関係誌に頻繁に登場し、進捗状況を嘆き、叱咤激励していた。興奮したアナウンサーによる実況中継さながら、自治体の「先進事例」を紹介していた。

義務的条例制定　法令審査を担当した、あるいは、原課として対応した自治体職員と話をすると、「一段落感」がある。それはそうであろう。前例のない大変な作業を強制されたのである。「必要もないのに」というボヤキも聞かれる。ただ、条例化作業を経験したことそれ自体には、それなりの意味はあると思う。

内閣法制局の影　この数年をみていて、次のように感じた。中央政府は、「根拠となる個別法に明文の根拠

がなければ、法定自治事務に関する条例制定はできない」と考えているのではないだろうか。言葉を換えれば、「個別法の具体的規定を通じた国会の指示がないにもかかわらず、自治体が条例を制定するのは憲法四一条に反する」と考えているのではないだろうか。❸および❹で整理した理解である。この発想の背景には、内閣法制局の影を感じる。

「できる余地」づくり　地方分権改革推進委員会がした作業は、規律密度の高い法令に「条例の隙間をつくる」ことであった。そしてそれは、二九法律一〇〇条項に関して実現した。自治体は、そのかぎりにおいて、これまで経験できなかった「自由」を享受したのである。ちょうど、わずかな額のお小遣いを初めて自由に使えた子どものように。

29と100を分子に据えると、(a―29)と(b―100)という分母がみえてくる。この作業は、あとどれくらい繰り返されるのだろうか。aとbがいくつであるのか、おそらく誰も把握していない。

永久作業？　たとえ全国一律基準と違う対応をする積極的な地域ニーズがあったとしても、自治体は、当該法律の当該政省令に関して、中央政府の「作業の順番」がまわってくるまで待っていなければならないのだろうか。多くの自治体は、「どうもそうらしい」と感じている。そうだとすると、「永久作業」は必至である。しかし、少なくとも法定自治事務に関するかぎり、明文なくして条例は可能というのが、地方分権一括法の立法者意思なのである。

立法権は無制約？　**3**でみたように、かつて委員会は、『第三次勧告』（二〇〇九年）のなかで、憲法の「国権の最高機関」（四一条）および「法律の範囲内」（九四条）という文言を持ち出して、上書き条例の議論を牽制した。これをみて、私は唖然とした。「条例制定権の限界」ばかりを気にする中央政府には、「法律制定権の限界」という発想はないのだろうか。地方自治の本旨に反する法律は違憲無効なのである。「国権の最高機関」を隠れ蓑にして、機関委任事務廃止の影響の最小化が画策されているようにみえる。

法令基準には画一と標準が　法定自治事務に関する法令基準は、①全国一律に適用されるべきもの、②自治体による修正が予定されているもの、がある。何がそれにあたるかは解釈になるが、②については、標準にすぎない。自治体は、独自の修正が可能である。さらに、法律目的の実現のために地域的には必要であるが規定はされていない基準も考えられる。それについては、追加が可能である。そこまでの条例制定権拡大は、すでにされている。それを活用して条例対応をしている自治体もある。これこそが「独自対応」と称すべきものであろう。

6 三訂・ベクトル説
——条例三基準の位置づけ

ヤレヤレのその後　第一次一括法および第二次一括法による枠付け緩和方策としての条例による基準設定作業については、二〇一三年三月末日までに、どうやらすべての関係自治体で完了したようである。ヤレヤレというのが、現場の実感であろう。

周知の通り、条例制定が義務づけられた事務は、法定自治事務のなかの一部にとどまった。積み残し分はどうなるかであるが、地方分権改革推進本部の構成員である地方分権改革担当大臣（＝総務大臣）のもとに設置されている地方分権改革有識者会議においては、両一括法のもとでなされたような、多くの条例対応を一挙に強制される事態には、当面はならないと思われる。

ベクトル説の当てはめ　そこで、自治体政策法務の観点からは、この時間的余裕を利用して、今回の条例対応を理論的に整理しておくことが重要である。私は、かねてより、法律実施条例を「ベクトル説」により説明している。法律による授権規定をベクトルに見立てたものである。『自治力の爽風』（慈学社出版、二〇一二年）四三頁を参照されたい。

条例三基準の位置づけ　これを利用して、「従うべき基準」「標準とすべき基準」「参酌すべき基準」の条例

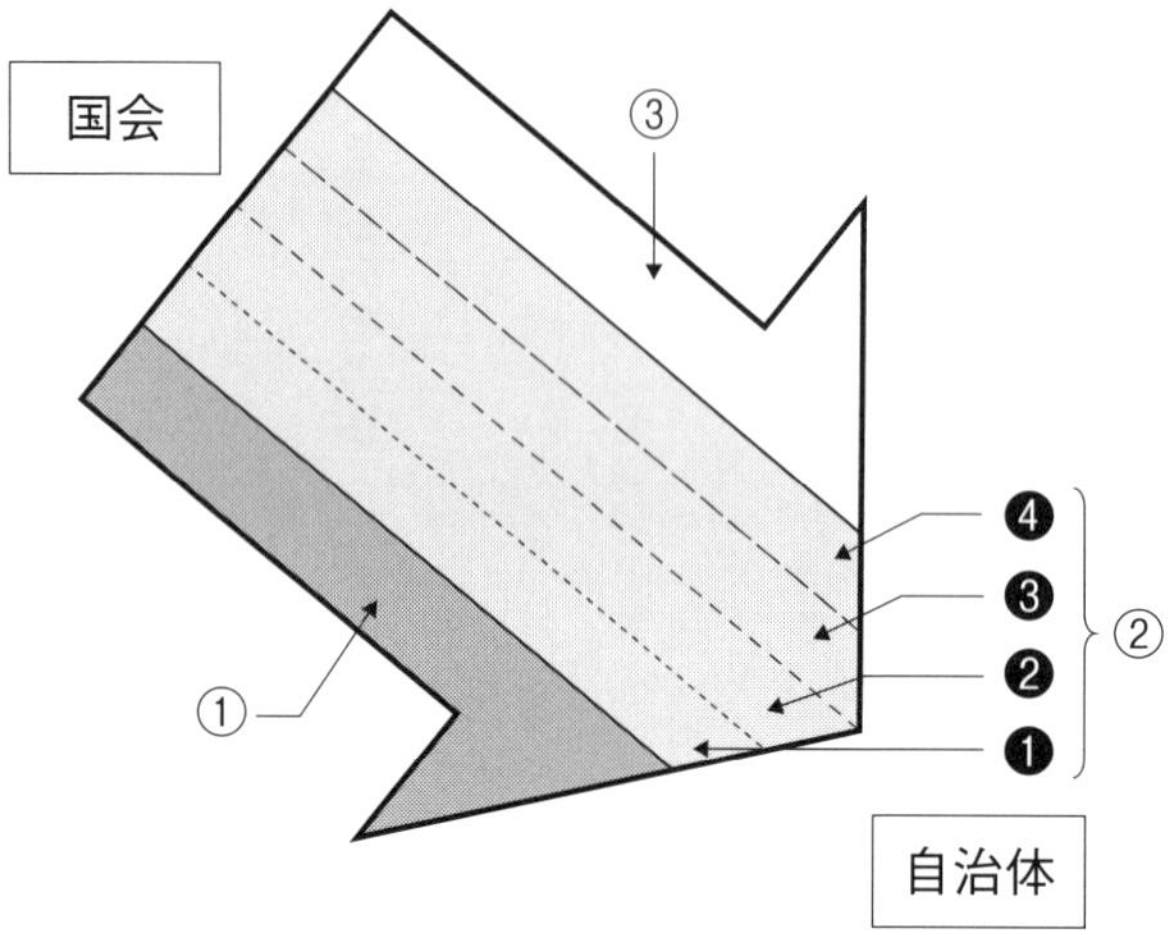

三基準を考えてみよう。実際の法律には、これらのすべてが規定されていることもある。それを前提に考えると、改良ベクトル説の②の部分（＝国が「国の役割」にもとづいて第一次決定をしたけれども自治体が地域特性に応じて第二次決定をすることができる部分）に三基準が含まれる。①の部分（＝国が「国の役割」にもとづいて全国画一的適用を自治体に命ずる拘束力ある部分）に一番近い②の部分（❶）には、「従うべき奉準」が位置する。その横（❷）が「標準とすべき基準」であり、その横（❸）が「参酌すべき基準」である。

二つの一括法による枠付け緩和方策においては、①のように、国の第一次決定が最終決定になるのではない。その意味で②なのであるが、政省令で示される基準の「拘束力」の違いによって、②のなかに、❶〜❸と配置されるのである。なお、第二次決定は、義務的である。

第二次決定可能部分　②のなかには、今回の格付け緩和方策とは別の次元に❹があることを確認しておこう。これは、法律本則や政省令によって国が第一次決定をしているけれども、自治体が地域特性を踏まえて第二次決定をすることができる部分である。改良ベクトル説で②としている部分である。この部分を利用した独自基準も多い。

変わらぬオープン・スペース　改良ベクトル説で示したように、③（＝自治体の法政策裁量で決定できるオープン・スペース部分）は、変わらずに存在している。法律の制度趣旨の枠内で、法律・施行令・施行規則に明示的に規定されていない内容を、創設的に横出し対応などの条例決定ができる部分である。

残余事務の取扱い　二つの一括法により一部改正された関係法律の構造は、以上のように整理できる。残された法定自治事務、そして、手つかずの法定受託事務に関する枠付け緩和方策が、どのような方法によって進むのかはまったく不透明である。同様の方法によるのだとすれば、自治体には、上記の整理を踏まえて独自性を発揮してほしいものである。私は、❹および③を活用した条例を期待している。

7 立法から解釈論へ

――「通知」という枠付け緩和方策

嵐は過ぎた！　条例による枠付けの緩和は、二つの一括法への対応が二〇一三年三月末にすべて完了したことから、とりあえずは一段落となった。対応を迫られた自治体現場にとって、まさに嵐のような一～二年だっただろう。

法改正による自治体決定余地創出　この措置は、個別法を改正して「条例による自治体決定の余地」を創出することにより、地域特性に応じた独自基準の設定を期待したものであった。前提となるのが自治事務である以上、憲法九四条を直接の根拠にして、法律本則や政省令で決定されている内容を修正するという意味での「上書き」は可能という議論もあったが、おそらく中央政府は、それはできないという解釈に立って、立法論による対応をしたのであった。

解釈による可能性　それでは、現行法の規定を地域特性に応じて修正することは、条例の制定が可能という明文規定によってしかできないのであろうか。そうではない。解釈によって対応することも可能なはずである。

二〇一三年三月一二日に閣議決定された「義務付け・枠付けの第四次見直しについて」は、この点に関する検討素材となる。そこでは、原則として全国一律的対応の法システムとなっているとしても、運用においては解釈が不可避であるところ、いくつかの点について、中央政府としての解釈を示しているのである。

「通知する」の意味　これは、「通知する」という表現で記述されている。たとえば、社会教育法二三条一号は、公民館の運営について、「もっぱら営利を目的として事業を行い、特定の営利事業に公民館の名称を利用させその他営利事業を援助すること」の禁止を公民館の運営方針として明記するが、近年話題になっているネーミングライツ（施設命名権）に関しては、「施設命名権の売却を禁止するものではないこと等について各地方公共団体に通知する」という。前記閣議決定は、このような解釈通知を数本出す方針を記載している。

批判的見解　こうした方針に対しては、機関委任事務制度を彷彿とさせるものであり、法令改正によるべきとして、批判的な見方もある（辻山幸宣「「通知」による改革の意味を問う」自治日報二〇一三年五月二四日一面）。分権法治主義の観点からは、たしかにそうである。本来は、法律事項なのであり、こうした重要な修正を一片の通知で行うのは、「国会の軽視」も甚だしい。

たんなる確認？　もっとも、別の見方もできるように思われる。すなわち、そうしたことは、明示的に立法的に規定されていなくても、解釈による対応が可能であることが明らかになったと考えるのである。

社会教育法に関していうならば、中央政府は、明確にみえる二三条一号の方針にもかかわらず、そうした解釈をすることは可能というのである。しかしこれは、解釈論を超えているようにも思われる。法律解釈に関して、中央政府のそれと地方政府のそれとの間に優劣がない点は、第一次分権改革で明らかになった。したがって、前記通知による解釈「程度のこと」であれば、通知がなくても、自治体行政として自主的に解釈することは可能なのである。内容的には、社会教育法二三条一項の「上書き」のようにも感じるが、十分な立法事実があるのであれば、相当の内容修正が一般的にできるようになったと解すべきであろう。

逆手にとろう！　もちろん、通知を出した中央政府は、「そうした解釈は中央政府だからこそ可能なのだ」と考えているに違いない。前述のような整理を示されれば、「そんなつもりではない」というだろう。しかし、自治体としては、対等関係を正面に据えて、法律上方針が明確にみえる規定に関して、それを上書きするような通知が出されたという事実だけを重視したい。

今回の通知による対応。私には、中央政府が「墓穴を掘った」ように思えるのである。

8 分権改革と原告適格
——見落とされている視点

分権改革という視点　二〇〇四年行政事件訴訟法改正においては、九条二項が新設され、従来の最高裁判例と比較して、原告適格を拡大する方向で解釈をすべきことが規定された。学界では、そこに規定された考慮事項を踏まえて、どのような場合にどのような範囲で拡大が実現可能となるかが論じられている。ただ、そうした議論には、欠けている視点があるように思えてならない。それは、分権改革である。

機関委任事務　二〇〇〇年の第一次分権改革以前は、法律が自治体行政庁に処分権限を与えていた場合、それは、上級行政機関たる大臣の下級行政機関としてであった。すなわち、知事や市長は「国の機関」として「国の事務」を執行していたのである。その場合であっても、自治体行政庁が法令を自主的解釈することは可能であったが、制度的には、大臣の包括的な指揮命令権限に服することになっていた（地方自治法旧一五〇条）。

行政事件訴訟法九条二項と解釈基準　しかし、二〇〇〇年以降は、知事や市長は、法律にもとづけども「自治体の事務」として同じ権限を行使することになるのである。自治体は、「地域における行政を自主的かつ総合的に実施する」（地方自治法一条の二第一項）。その権限に関する法律の規定は、「地方自治の本旨に基づいて、かつ、国と地方公共団体との適切な役割分担を踏まえて、これを解釈し、及び運用するようにしなけ

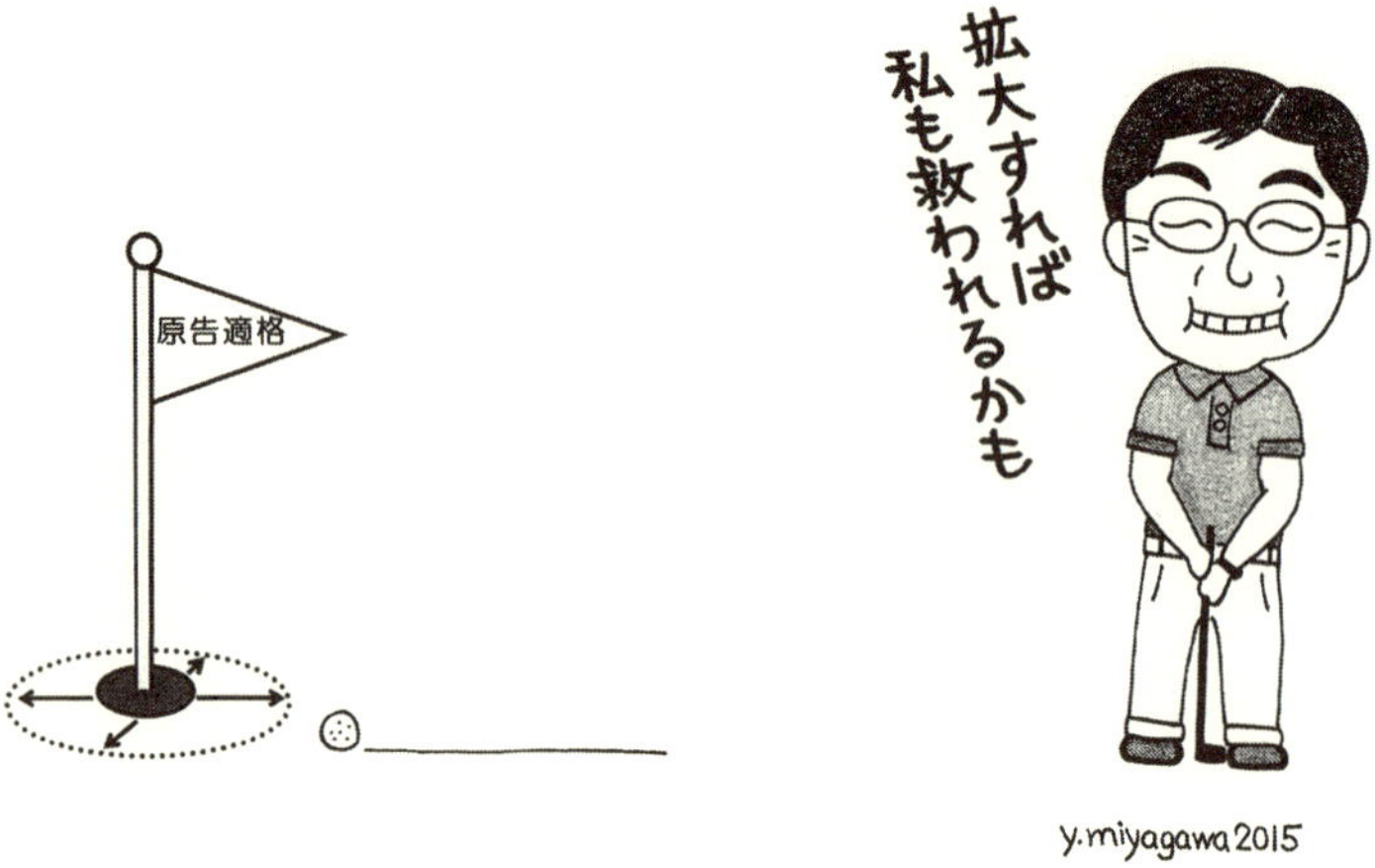

ればならない」（地方自治法二条一二項）のである。これは、自治体に関する法律全体に関係する解釈指針であり、当然のことながら、行政事件訴訟法九条二項についても適用される。

改正されなかった個別法　解釈の対象となる法律の内容は、分権改革を経ても何ら変わっていない。すなわち、「全国画一的・省庁縦割り・時代遅れ」という、松下圭一教授がかねてより指摘される特徴が温存されているのである。

これが機関委任事務であれば、それを前提とした解釈であっても仕方ないかもしれない。しかし、とりわけ行政事件訴訟法改正法が施行された二〇〇五年以降は、自治体が被告となる行政訴訟においては、「国の次元」ではなく「自治体現場の次元」で法解釈をしなければならないし、そうでなければ、憲法九二条違反である。

判断の方法　原告適格判断にあたっては、第一に、当該法令の趣旨・目的に照らしてその保護範囲内にあるかどうかを検討する。

第二に、目的を共通にする関係法令により保護される場合があればその趣旨・目的も参酌する。これは総合的判断とみられるが、これこそ総合的行政主体たる自治体に求められる機能といえる。ここでは、環境基本条例にもとづく環境基本計画や景観法にもとづく景観計画などが重要かと思われる。国レベルの計画と比較すれば、密度の濃い市民参画がされていることが多く、即地性の程度も高い。また、独自条例も重要であろう。

第三に、処分において考慮されるべき利益の内容・性質であるが、前出の計画に規定されている事項は、それに該当するだろう。処分の根拠法には必ずしも環境配慮が明記されていなくても、それを排する趣旨と解せないのであれば、自治体行政としては、関連法令や独自に規定する保護利益を踏まえて処分をすることが求められる。

第四は、利益の内容・性質の考慮にあたって、違法な処分がされたとなった場合に侵害される利益の内容・性質、侵害の態様・程度の勘案である。ここでは、処分にあたって考慮されていない利益であっても自治体として重要と考える利益があるかどうかが検討されることになる。環境利益に関しては、この基準にひっかかるものは想定できないだろう。

重要な地方自治法二条一二項　このように、法定自治体事務（法定受託事務および法定自治事務）に関するかぎり、原告適格判断には、行政事件訴訟法九条二項以外にも考慮事項が存在する。争われているのが自治体行政庁の権限行使である以上、法解釈は、「国から目線」ではなく自治体の次元でなされるべきなのである。原告適格論にあたっては、地方自治法二条一二項を踏まえたこうした枠組みを忘れてはならない。

第Ⅱ部 自治体の第一次一括法・第二次一括法対応

9 決めることには決めたけど…
――市町村における条例対応の実情

一〇〇点満点!　一括法対応に関して、内閣府のウェブサイトには、「各自治体で必要と判断される条例については、全ての自治体で制定済みとなっています。」と誇らしげに報告されていた。「自治体の自己決定能力」が実証された結果となった。

この決定は、条例によることが求められている。したがって、自治体は、きちんと上程してきちんと議決してきちんと公布しなければならない。形式的にみれば、すべての関係自治体がこの作業を完了したのである。

作業の実態　その実情はどうだったのだろうか。実際の作業状況は報じられていないし、内閣府は調査するようでもない。私は、機会があるごとに、とりわけ市町村においてこの作業がどのようになされたのかをヒアリングするようにしている。いくつかの事実を紹介したい。

県基準に「右へならえ」　市町村道の構造や準用河川管理施設の構造に関する技術的基準については、「(市町村が管理する)道路の構造の技術的基準を定める条例」および「準用河川における河川管理施設等の構造の技

術的基準に関する条例」が制定されている。多く指摘されたのは、県の基準に合わせて同じく設定したという点である。この点については、公の施設の部分によって管理主体が異なる場合、県内で各部分の基準が異なるのは適切ではないという理由から、県の要請があったようである。庁内的には、「県の要請」という事実は、決定内容の正当性を高める効果を発揮している。「市町村が管理する」道路に設ける案内標識等の寸法を定める条例」についても、同様の傾向があった。

県の政策を重視する実務は、市町村の「移動等円滑化のために必要な特定公園施設の設置に関する基準を定める条例」においても現れている。県がいわゆる「福祉のまちづくり条例」を制定し、そこで具体的基準を決めていた場合には、それに準拠したという市があった。

コンサルタントの利用　コンサルタントの利用も、いくつもの市町村で確認できた。もちろんこれも「自己決定」であり、自治体が主体的に対応しているのであれば問題はないといえる。ところが、「公共下水道及び都市下水路の構造の基準等を定める条例」を定めるにあたり、コンサルタントが作成した条例モデルを参考にして事業課が条例案を作成し、それを再びコンサルタントがチェックして最終案に至ったという自治体があった。

中央政府が示した三つの基準をそのまま適用した自治体が多いようにみえるが、そうした自治体でヒアリングをしたときに、「コンサルを雇う金もなく、さりとて独自で作る能力もなく」という自嘲的なコメントを聞いたのが印象的であった。都道府県による相当のサポートを受けた市町村も多いことだろう。条例制定準備作業は、市町村との関係では補完事務（地方自治法二条五項）になるのだろうか。

追認的独自基準　もっとも、こうした消極的な対応ばかりではない。「独自基準」と整理される例のなかには、中央政府が示した基準に単純に準拠するのではなく、それまでの市町村の実情に合わせる形で基準を条例で決めたところが少なからずある。ある市は、「都市公園条例の一部を改正する条例」において、街区公園（いわゆる児童公園）の基準を、都市公園法三条一項にもとづく参酌基準（施行令二条一項一号は、〇・二五ha（ヘクタール）を標準とする）をそのままにするのではなく、〇・一〇haとした。これは、従来からこの規模未満の小規模公園が多く、今後整備する可能性のある公園規模も〇・一〇haを標準とするからである。追認的独自基準であるが、地域特性を踏まえた対応といえる。独自基準には、こういたタイプが多いように見受けられる。

市町村の条例対応の全貌は、まだまだみえてこない。職員の記憶が薄れる前に、細々とではあるが調査を進めたい。

10

不合理の強要？
――枠付け緩和作業の意味

ヤレヤレの新年度　第一次一括法と第二次一括法にもとづき、二九法律一〇〇条項に関する条例化作業が、二〇一三年三月末日までにとりあえず完了した。ヤレヤレという気持ちで新年度を迎えた行政職員も多いことだろう。「自己決定の実践」とされている今回の作業であるが、今後も、それ以外の法律に関して、条例対応すべき事務の洗い出しと条例制定の義務づけが続くのだろうか。

感じる強い違和感　ところで、このやり方に対して、私は以前から強い違和感を持っている。自治体の条例制定作業の実情を知れば知るほど、その思いはますます強くなっている。

出せない立法事実　例の三種類の基準のうちでどれを踏まえるのであっても、具体的値の決定は、自治体が行う。条例制定には立法事実が必要なのであるが、実のところ、それを積極的に示すことができる自治体は少ない。

示されない根拠　従来の政省令制定にあたって、中央政府が十分な根拠を示したと考えているのかどうかはよくわからないが、それを踏まえて自治体が行政をする場合、適用を受ける事業者は、「まあ国の基準だから」ということで、その合理性・正当性を争うことはなかった。しかし、その決定を自治体がするとなればどうだろうか。厳しく根拠を求める可能性もある。ところが、根拠が薄弱なままに自己決定をさせているのが、現在の状況なのである。

無礼千万　自治体職員に聞くと、国は基準を示すけれども、その根拠は示していないという。多くの研究組織を持ち多くの専門職員を抱えているのに、何ということだろうか。法定自治事務に関して「従うべき基準」なるものをつくる一方で、その根拠も十分に示さないというのは、無礼千万な態度である。

その根拠が争われたときに十分な理由を示せないとなると、必要性の基準を充たさず、比例原則違反とされる可能性がないではない。これでは、自治体は踏んだり蹴ったりである。

言うとおりにやれ！　ある基準に関して、従来からの政省令基準の適用で何の不自由も感じていない自治体に対して、たとえ同じ内容であったとしても、自分で決めることを強要する。その一方で、それ以外の内容にしたいという地域需要がある政省令基準に関しては、「変更できるという規定がない」という理由で、おそらく中央政府は、条例による修正を認めない。

自治の本当の意味　自治体の要望が強くあったからという理由で条例対応事務を選定しているが、すべての自治体がそれを求めたわけではない。「自治」とは自分で決めることを意味するとすれば、どの法定事務について地域特性を踏まえた対応をするのかの選択と決定を自治体がすることを可能にすべきである。

通則法説　そうなると、枠付けの緩和とは、結局のところ、政省令はそのままにしておき、法定事務に関して、「自治体はこの法律の施行に必要なかぎりにおいて、条例を制定することができる。」旨の規定を、地方自治法に規定すればよいだけである。通則法説と呼ばれるものである。

ほしければつくる　政省令基準とは異なった基準にする立法事実があり、それを求める自治体であれば、

あらゆる手段を用いてしっかりとした根拠づくりをするだろう。現在のように、望まない自治体に対してまで、あやふやな根拠にもとづく決定を強要している立法方針は誤っている。条例制定自治体数の伸びを誇らしげに数えたり、対応が遅れている自治体を非難気味に叱咤する論調は、滑稽というほかない。

一度で十分　二つの一括法対応は、すべての自治体をプールに放り込んだようなものであった。おぼれそうになりながらも、何とかプールサイドにたどりついたのが現在である。

今後は、その経験を踏まえて、対象法律・対象事務を自治体に自己選択してもらおう。不作為の自由もみとめよう。法律や政省令の基準については、真に全国画一的適用を要するもの以外は、基本的に標準とみればよいではないか。内閣府が関係省庁に対して自治体を信用せよというならば、余計なお世話はもう十分である。

11 能力無理矢理証明戦略？
——条例義務づけの意味

かわいい子には旅をさせよ　戦術の裏には戦略がある。一見、乱暴なやり方であっても、それによって得られるものを期待して、そのようにするということはある。「かわいい子には旅をさせよ」である。第一次一括法・第二次一括法による枠付け緩和方策としての条例対応作業を素材に考えてみよう。

悪評の枠付け緩和方策　今回の措置は、研究者には評判が悪かった。第一に、自治とは自分で決めることであるにもかかわらず、法定自治事務を規定する「どの法律のどの部分を選択するか」の決定を国がしたことである。第二に、自治体が条例で決定するに際して、とくに「従うべき基準」という枠をはめたことである。しかも、基準の根拠は示せなかった。第三に、自治体には何もしない自由はなく、すべての自治体が条例制定を強制されたことである。第四に、条例制定期限が示されたことである。

統制された自己決定権の限定的拡大　私自身は、法定自治体事務であるかぎり、全国一律的な適用を予定しない法令規定に関しては、憲法九四条にもとづき、地域特性に適合するように修正を加えることは可能であると考えている。このため、「統制された自己決定権の限定的拡大」を批判していたところである。

ところで、こうした方策を推進した内閣府（および総務省）は、どのような想いでいたのだろうか。外部からみると、まさに「イケイケドンドン鉦《かね》太鼓」であった。

できることの証明　機関委任事務制度の廃止によって拡大した条例制定権であるが、自治体不信が根強い中央省庁には、「自治体に自己決定などできるのか」という疑問があるように思われる。そこで、「自治体でもできる」ことを実証する必要がある。このため、すべての自治体を対象にして、条例の義務づけをした。全自治体主義である。

すべての自治体である必要があるから、ハードルを高くすることはできない。それゆえに、拘束度は異なるけれども、三つの基準が示された。また、何もないところから考えるのではなく、従来の政省令基準をスライドさせればよかったから、制定それ自体はまだ楽と考えられたのではないだろうか。

条例制定一〇〇％が必要　条例制定の期限を設けたことには、重要な意味があった。「すべての自治体に能力がある事実」を早くに示すためには、そして、そのことをもとにして次の改革を実現するためには、制定時期を自治体任せにするわけにはいかなかったのである。

多かった追認的独自基準　三つの基準通りの独自性のない基準ばかりがつくられるとすれば、それはそれで自治体の力に疑問が呈される。そこで、独自基準をつくることが推奨された。独自基準は意外と多くできたといわれている。もっとも、**9**でみたように、従来から非公式的に存在していた内容を、これを機会に条例化したものも少なくない。創設的独自基準でなく追認的独自基準である。おそらく、内閣府は、そうしたことを予見していたであろう。あくまで創設的独自基準にこだわれば、期限内の制定は難しくなったはずである。

内閣府の大勝利　内容はともかくとして、すべての自治体が条例を制定したことは、内閣府にとっては、

他省庁との関係で大勝利であった。独自基準もでたことは、さらによい成果だったであろう。しかし、これは、「おまけ」といってよいかもしれない。

コンサルによる自治？　ところで、条例制定作業を行政系コンサルタントに外注した自治体が少なくない。耳には入っているだろうが、内閣府は、こうした実態を公式的には把握していない。おそらくは、こわくてできないのだろう。実態が明らかになれば、「すべての自治体ができた」という成果がバブルであったことがばれるからである。もっとも、外注をするかしないかの決定も自治であるから、お金があればそうすることは何の問題もないともいえる。

「自由にさせればよい」という批判は、内閣府にはピントのずれたものに聞こえたのではないか。ひとつの総括として、このように考えてみた。

12

つき出し条例？
――「従うべき基準」の拘束力

三種基準にもとづく対応　現在、中央政府が講じている「法令による枠付けの緩和への対策戦略」は、個別法を改正し、それまでは政省令で画一的に決定されていた基準を自治体の条例決定に開放することである。しかし、まったくの自由ではない。「従うべき基準」「標準」「参酌すべき基準」によることになる。

従うべき基準　「従うべき基準」については、その割合が多いという批判がある。しかし、問題は、より根本的なところにあるように思う。

この基準の定義は、法律には出てこない。二〇〇九年一二月に閣議決定された『地方分権改革推進計画』によれば、それは、「条例の内容を直接的に拘束する、必ず適合しなければならない基準であり、当該基準に従う範囲内で地域の実情に応じた内容を定める条例は許容されるものの、異なる内容を定めることは許されないもの」とされている。

範囲の根拠　この定義をみたとき、自治体関係者の多くからは、きわめてもっともな疑問が呈せられた。すなわち、「その範囲の基準以外はダメというが、自治体ニーズがその範囲に収まっているという根拠があるのだろうか」というものである。その通りだと思う。

基本的人権との関係　幅がある基準を中央省庁が示すのは、国としての国民の基本的人権の保障はこの範囲であれば何とか実現可能であり、そのなかで何を適切とみるかは自治体決定に委ねるべきという考え方からである。モデルとしては、基本的人権を第一次的に支えるのが国であり、国の中に自治体があるというものであろう。

国は自治体のなかに　しかし、分権時代のモデルはむしろ逆である。法律の制定は国がするから、第一次的に国が支えるとはいえるけれども、自治体の存在は国の中ではなく外である。自治体の中に国があるというイメージが正しい。自治体は、中央政府が示す範囲を踏まえ、自治体ニーズを勘案して決定をすればよい。

事実上の拘束力の違い　その意味では、前記三基準はどれも同じである。違いは、示される基準の「事実上の拘束力」の差であろう。「標準」「参酌すべき基準」は事実上のものであるが、「従うべき基準」はそうではないという整理は適切ではない。

これらの基準は、いずれも法定自治事務に関するものである。「法定受託事務＝法定自治体事務－法定自治事務」というように控除方式で決められた経緯ゆえに、同事務にはきわめて雑多なものが含まれている。そこで、自治事務とはされたけれども、その性質に鑑みて、全国統一性や平等性を重視すべきと国会が判断した事務に関しては、より強い立法的関与がされる。それが、「従うべき基準」である。

拘束力の源泉　それゆえに、政省令で示される「従うべき基準」には、しかるべき根拠が示されているかぎりでは、それなりの重みがある。「従ってほしい」と国がより深く頭を下げているのである。しかし、それは、根拠法の制度趣旨を自治体において実現するうえで、逸脱を一切許さない基準となるものではない。そうであるとすれば、具体的基準が違憲的に設定されたことになる。合理的根拠を示さない「従うべき基準」は、言語道断である。

省令基準を超える　たとえば、児童福祉法四五条二項は、「都道府県が前項の条例を定めるに当たつては、次に掲げる事項については厚生労働省令で定める基準に従い定める」と規定する。条例で決定するのであるから、基準として示された幅が法定自治事務を処理する自治体のニーズに適合するかどうかを検討し、なお不適合であれば、比例原則や財政負担に配慮したうえで、その範囲を打ち破ってより厳格な基準を条例本則で規定することは適法である。つき出し条例である。

地域の立法事実　自治体としては、条例決定ができることを重く受け止め、必要であれば十分な立法事実を固めたうえで、地域にとって一番良い選択を自己決定してもらいたい。あることが条例事項になっていることと、基準の中身が適切かは別なのである。思考停止に陥ってはならない。

13 明文規定がなくてもできるッ!

——佐賀県条例の将来

明文規定欠缺の意味　法律に規定される自治体事務に関して、事務の主体である自治体は、当該法律に条例制定を認める規定がない場合に、たとえば、基準を追加するような条例を制定することができるか。「明文規定なき法律実施条例」の可能性である。

当然の法理?　私は「できる」と考えるのであるが、学界では少数説のようである。第一次一括法および第二次一括法、そして、それらに先立つ内閣府の地方分権改革推進委員会の議論をみていると、中央政府は、明文規定があってはじめて可能と考えているようにみえる。そのように明言する文書に出逢ったことはないが、どうも「当然の法理」のようである。**2**および**4**で整理したように、憲法四一条が根拠かもしれない。

「書いていないことはできない」　自治体はどうであろうか。個々の職員と話していると、明文規定必要説であるように感じる。地方自治法二条一六項は、「地方公共団体は、法令に違反してその事務を処理してはならない」と規定するが、これをもって、「法律に書いてあることはできるが、書いていないことはできない」と考えるのである。

憲法直接適用説　このような認識であると、条例制定の可否は、実質的に中央政府が決定することになり、

およそ分権改革の制度趣旨に沿わなくなる。それゆえに私は、憲法九四条を根拠にして、あるいは、憲法四一条と九二条を整合的に解釈して、明文規定不要説（憲法直接適用説）に立っている。

『佐賀県庁の仕事の進め方』　そうしたところ、私のような認識を示している文書をみつけた。積極的に公表はされていないようであるが、佐賀県が作成している『佐賀県庁の仕事の進め方』である。そこには、「条例制定権の拡充に対応した当面の基本的な考え方」として、以下のような記述がある。

「条例は、個別法の特段の委任がなくとも、「法律の範囲内」で制定できることから、今後、地域における諸課題の解決に際して、個別法おい《〔ママ〕》て委任されていない項目であっても、条例制定の可能性について検討を行う」。

なぜそのように考えるのかの根拠は示されていないが、おそらくは、自治体の事務になっていることを重視しているのだろう。

知事会の要請　ところで、全国知事会は、二〇一二年九月に、「地域主権改革の推進について：自立した自治体の創造に向けて」を公表し、中央政府に対して要請活動を行った。その内容は多様であるが、「第四次一括法」を想定した知事会としての「タマ」が示されている。これは、第一次一括法・第二次一括法と同様に、個別法の改正による実現を想定しているのであろう。

暴力団条項の横出しは追加　目立つのは、許可制をとる法律に関して、欠格要件として「暴力団条項」を横出し的に追加することができるように、条例による要件追加を規定するよう求めている点である。旅館業法や児童福祉法など三一法が列挙されている。

いわゆる暴力団排除条例は、福岡県に端を発して、二〇一一年までに、全国四七都道府県のすべてにおいて制定された。これは、私法契約における暴力団排除を規定するが、都道府県としては、公法関係からも暴力団排除の必要性を感じているのである。ただ、暴力団排除条例のように、独立条例として制定するのではなく、法律改正を受けての「明文規定ある法律実施条例」として制定することを考えている。

あとは実践！　全国知事会のこの文書のとりまとめ責任者は、同会の地方分権推進特別委員会委員長の古川康・佐賀県知事（当時）であった。個別法における暴力団排除の必要性、そして、佐賀県の法律実施条例の制定方針をあわせ考えると、少なくとも同県においては、法律の明文規定がなくても、たとえば、旅館業法の実施条例を制定し、そこに、「知事は、旅館業法第三条第二項各号に該当する場合のほか、次の各号に掲げる者については、同法第三条第一項の許可を与えないことができる。」と規定するのは適法と解されるのではないだろうか。条例には、具体的に、「指定暴力団員」などを掲げることになる。

暴力団対策は、とりわけ九州では重要課題である。知事は交代したが、佐賀県の今後の条例展開に注目したい。

14

前例踏襲？
——特別措置としての分権改革戦術

制度設計を規定する思考枠組み

およそ制度設計を考える際には、その基本的思考の枠組みが、決定的な意味を持つ。東日本大震災後の復興の遅れに寄せて、明治学院大学法科大学院の鈴木庸夫教授は、「震災ガバナンス時代の政策法務（二〇）」（自治実務セミナー五二巻四号（二〇一三年））において、大要次のように述べている。

大震災と特区法方式

遅れの原因は、特区法方式をとったことにある。特区法は個別法の例外法である。運用にあたっては、特別事情の認定が厳格になるため、迅速な支援に対する期待にこたえることはできなかった。特区法の精緻な制度設計ゆえに、支援の遅れは構造的に発生した。これは、小泉構造改革の際の構造特区法がモデルになったからである。前例踏襲が生理の官僚が、この方式を採用するのは当然であった。

枠付け緩和方策はどうか？

実に興味深い指摘である。この指摘を読んで私の頭にすぐに浮かんだのは、枠付け緩和方策として制定された第一次一括法および第二次一括法である。これら一括法は、条例制定権の拡大による自己決定の拡充を実現したといわれている。しかし、現実的には、条例制定対象となる事務（とその根拠法）を国会が選び、条例の制定を強制し、制定にあたって勘案すべき三つの基準を関係省が提示したのである。まさに、統制されたなかでの自己決定であった。

個別法の特別措置方式　鈴木教授の分析枠組みを用いるならば、次のように整理できるだろう。法律は、全国一律的適用を基本とするものである。地域的政策需要を踏まえてそれを修正するには、個別法の例外法を制定する必要がある。それにあたっては、どの法律のどの条文についてどの程度の例外を許容するのかを、法令において特別措置として明示的に規定する必要がある。

第一次一括法および第二次一括法の枠付け緩和方策は、最終的決定は条例によりされるものの、法体系のなかで整理すれば、個別法の特別措置法として機能した。程度に自由はあるものの、自己決定の範囲は、個別法ごとに個別法で決められる。すなわち、実務的には、例外的対応を許容してよいと内閣が（実際には、関係省と地方分権改革推進委員会の交渉で）決定すれば、決定余地が創設されるのである。

内閣法制局の見解　この整理によれば、例外的対応をする法令は、自治体が選択できないことになる。復興特区法案審議過程において、上書きが問題となった際、内閣法制局は、大要次のように答弁していた。「法案は、法律が政省令に委任した事項について、条例で特例が規定できるとしている。こうした委任なしに、国会の立法権を没却するような抽象的・包括的委任は許されない。個別の法律において、その趣旨目的を踏まえ、地域特性に応じて条例で特段の定めを設けることは可能である」。すなわち、どの法律かを最終的に決定するのは、国会の具体的授権にもとづいた政令でなければならないとしたのである。

枠付け緩和の基本的枠組み　第一次一括法および第二次一括法による対応の前提には、この認識がある。そして、この方式は、おそらくは前例として作用し、地方分権改革有識者会議の議論を拘束したはずである。

「提案募集方式」「手挙げ方式」が条例決定にも適用されるとすれば、それらはいずれも、「自治体が中央政府に対して行う」ものである。その結果は、法律なり政令なりで決定されないと効力を持たないと整理されるであろう。

具体的成果としての明文規定　鈴木教授によれば、こうした官僚的整理を打破するのが政治的決断ということになる。しかし、それが期待できるとはとても思えない。地方分権改革推進委員会も有識者会議も、組織としては、具体的成果がほしい。明文規定による条例許容は、まさにそれである。

「何かが違う」　「分権改革は個別法の例外法を作ること」なのだろうか。「少しでもできることが増えたからいいでしょ」なのだろうか。私は、「何かが違う」と感じる。

第Ⅲ部　自治的法解釈と条例

15

法律実施条例と独立条例の合体
――京都市伝統的木造建築物保存活用条例

適用除外規定　法律が適用されてしまえば、その規制のかぎりにおいて、条例の出る幕はないと一応はいえる。ところが、いろいろな事情によって、法律自身が「適用除外」規定を設けることがある。建築基準法三条二項が規定するいわゆる既存不適格物件は有名な例であるが、実は、同条一項三号が、次のものを適用除外している。

建築基準法三条一項三号　「文化財保護法第一八二条第二項の条例その他条例の定めるところにより現状変更の規制及び保存のための措置が講じられている建築物……であつて、特定行政庁が建築審査会の同意を得て指定したもの」である。

広い自治体決定権　この規定は、きわめて注目できる。文化財保護法一八二条二項条例は指定されているが、それ以外に、「その他条例」として、特定行政庁を置く自治体が条例を制定して指定をすれば、その建築物は建築基準法の適用除外となるとしているからである。法律に規定を置く条例（法律規定条例）であり、その効

果が、建築基準法と一体となって発揮される（この場合は、適用除外となる）ものである。その意味では、法律実施条例である。

京都市の取組み　この条例を制定して指定をした建築物は、建築基準法の適用除外になるが、それを放置するわけではなく、建築基準法の制度趣旨を踏まえた地域特性に適合した別の規制を独立条例として規定する必要がある。三条一項三号条例は、法律実施条例と独立条例の機能を保有することになるのである。二〇一二年三月に制定された「京都市伝統的な木造建築物の保存及び活用に関する条例」は、そうした条例である。

京町家を残そう！　京都市内には、「京町家《きょうまちや》」と呼ばれる木造建築物が多く残されており、京都市の景観形成に大きな役割を果たしている。これら建築物は、建築基準法施行前から存在する既存不適格物件であるが、増改築などの建築行為を行おうとすれば、同法の定める規定に適合させる必要がある。しかし、そのためには、伝統的工法による形態意匠を破壊せざるをえない。窓をサッシュにするなど興ざめになる。

普通の木造建築物を保存する　そこで、京都市は、国宝や重要文化財といった文化財保護法のもとで保護されているような建築物ではない「普通の建築物」で伝統的な工法が用いられている木造建築物に関して、建築基準法の適用除外をすべく、同条例を制定したのである。

保存建築物制度　京都市内には、対象となる木造建築物が多くあるが、何でもかんでもというわけにはいかない。条例の適用を受けるには、所有者が「保存建築物」として登録するべく、「保存活用計画」とともに市長（特定行政庁）に提案することから始まる。建築基準法にあるように、市長は建築審査会の同意を経て登録をする。登録を受けた建築物に関しては、計画に沿った増改築をする際に、現状変更許可や完了検査を受ける必要がある。建築基準法と同等の規制を、実情に即した形で維持しているのである。許可条件違反には工事停止命令が出され、その違反には法律ほど重くはないが刑罰が科される。

建築基準法以上を保証　建築基準法一条は、最低基準を規定することにより国民の生命・健康・財産の保護を図ることを目的としている。その規制を適用除外するのであるから、受け皿としての条例の規制は、その水準を保持することが、適法性の要件になる。対象となる保存建築物は、築後相当の年数が経過した木造であるがゆえに、防火や耐震に関する安全性がとくに問題になる。保存活用計画においては、この点が重要視されている。

柔軟な対応のモデル　法律の規制は全国一律に適用されるが、それが硬直的に適用されることによって、現場では不合理が発生することもある。それに柔軟に対応する仕組みを持つ建築基準法三条一項三号の発想は、ほかの法律においても参考にされてよい。

やはり明文規定は必要？　それでは、建築基準法のように明文規定がないにもかかわらず、「勝手に」条例で適用除外をすることはできるだろうか。最低規制の確保のような法律の制度趣旨を実現しているのであれば、自治体の事務であるかぎりは問題ないと思うが、異論もあるだろう。

16

一線越えないおつきあい?
——千葉県林地開発行為適正化条例

自治体事務化の影響　分権改革によって、法律にもとづき自治体が処理する事務は、自治体の事務となった。それゆえ、自治体は、法律に関して、地域特性を反映させるために、憲法九四条にもとづいて、条例を制定することができるようになった。

法律実施条例　これを法律実施条例という。このような条例の第一条には、「この条例は、○○法の施行に必要な事項を定めることにより、その適正な施行を確保し、もって……することを目的とする」という規定ぶりがされることがある。

リンク型条例と非リンク型条例　もっとも、こうした規定ぶりであっても、そこに規定される内容については、二つに分けて整理できる。すなわち、①規定事項が法律と融合して法律の一部となる「リンク型条例（融合条例）」、②法律目的の実現に大きな意味を持つがその規定内容は法律とは別に作用する「非リンク型条例（並行条例）」である。

千葉県条例　②の例として、二〇一〇年制定の「千葉県林地開発行為等の適正化に関する条例」を検討しよう。目的は、「林地開発行為及び小規模林地開発行為の施行に関し必要な事項を定めることにより、その適正な施行を確保し、もって森林の有する公益的機能の維持に資すること」（一条）である。
とくに注目したいのは、森林法一〇条の二第一項に規定される林地開発行為に関する規制である。

森林法の許可　千葉県知事は、森林法一〇条の二のもとで、林地開発許可権限を有している。許可に関して同法が規定するのは、実体的には四つの消極要件および付条件のみであり、手続的には都道府県森林審議会・関係市町村長の意見聴取のみである。

法目的実現には不十分　おそらく千葉県は、このような規定だけでは、森林法の目的「森林の保続培養と森林生産力の増進とを図り、もって国土の保全と国民経済の発展とに資する」（一条）を確保することは難しいと考えた。より具体的にいえば、森林法一〇条の三は、知事に対して、「森林の有する公益的機能を維持するために必要があると認めるとき」は、無許可行為者および許可条件違反行為者に対して事後的に不利益処分をする権限を与えているところ、これだけでは不十分と考えたのである。

条例の仕組み　林地開発許可を受けた者に関して、条例は、以下のような独自規定を設けている。標識掲示（六条）、着手届出（七条）、施行状況報告（八条）、変更届出（九条）、休廃止届出（一〇条）、完了届出（一一条）、災害時の措置・報告義務（一三条）。そして、これらの義務の違反があった場合には、知事は措置命令等ができる（一五条）。また、災害・水害防止のために緊急の必要があるときには、許可を受けた者に対して緊急措置命令ができる（一六条）。いくつかの一般的義務の違反に対しては五万円以下の過料が科されるほか（三一条）、命令違反に対しては一〇〇万円以下の罰金が科される（二八条）。

条例で規定される内容は、森林法一〇条の二許可の実施にあたって大きな意味を持っている。しかし、条例違反があったとしても、取消しなど許可に影響があるわけではない。許可とは密接に関係しているけれども、

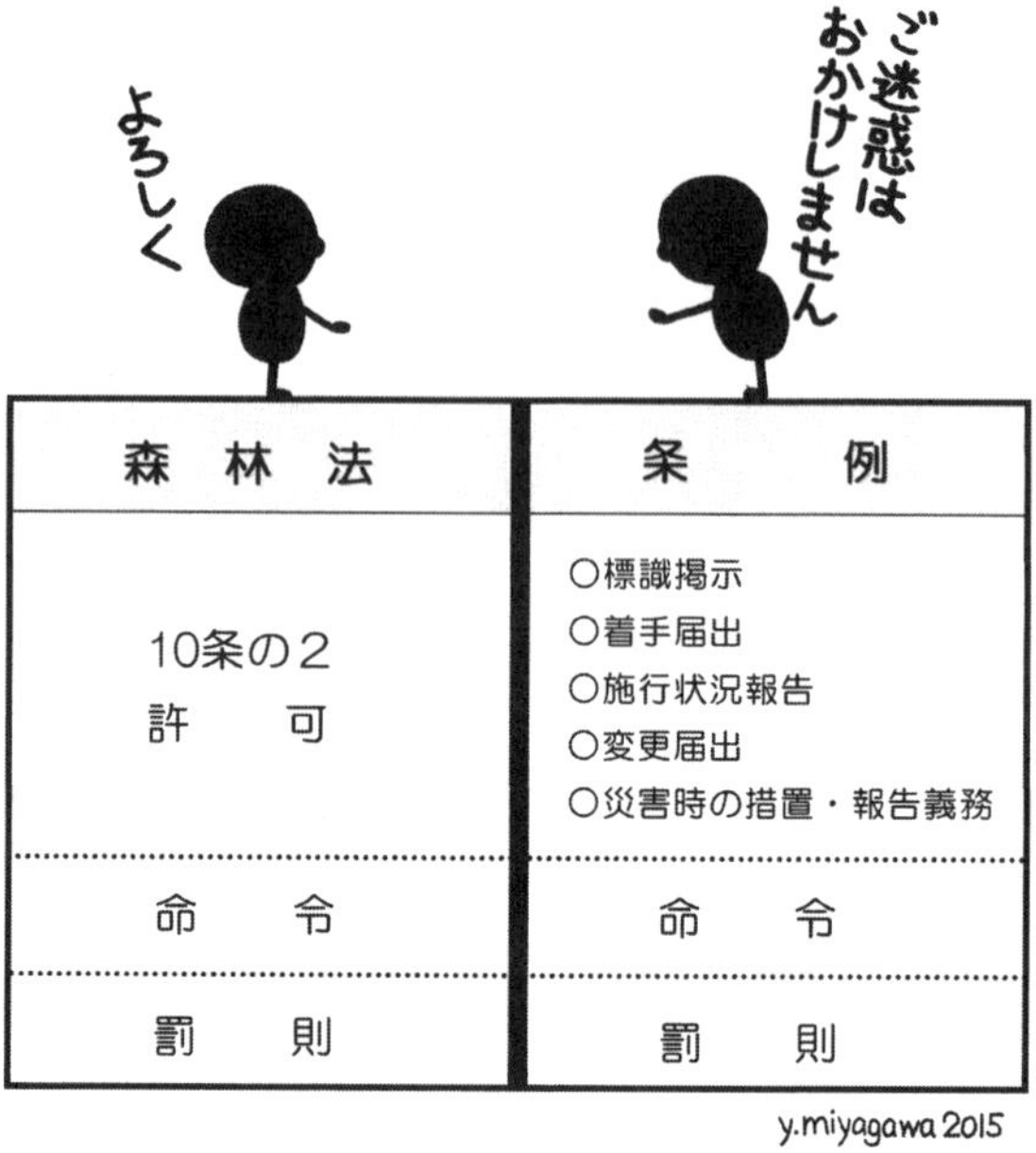

一線は画している。条例一五～一六条命令は、条例独自のものであるから、発出にあたっては、行政手続法ではなく千葉県行政手続条例の規律に服する。

新しい類型　条例の分類論でいえば、千葉県条例は、並行条例である。私は、法律実施条例とは融合条例であると整理してきたが、たしかにこうしたタイプもある。そこで、今後は、リンク型（融合型）法律実施条例と非リンク型（並行型）法律実施条例の二つに分けるのが適切であろう。後者の法律抵触性判断基準としては、著名な徳島市公安条例事件最高裁判決（最大判昭和五〇年九月一〇日判タ三二七号二一〇頁）が適用される。

千葉県条例に明らかなように、非リンク型の法律実施条例は、法律規定の不十分な部分を補完している。法律には、目的実現のために必要十分な仕組みが完璧に規定されているとはいえないから、自治体が創意工夫をした対応をすることは望ましい。

17 明文規定なき横出しリンク条例
――福岡市屋台基本条例

明文規定なき法律実施条例　個別法に条例を認める規定がないときに、地域特性に対応する規制内容を実現すべく、事務の実施を義務づけられている自治体が、条例を制定して追加的な規制をすることができるか。分権時代の条例論の重要論点である。私は適法説に立つが、学界には異論もある。

屋台基本条例見参！　そうしたところ、二〇一三年六月に、福岡市屋台基本条例が制定された。全国的に有名な「博多の屋台」に関するものであるがゆえに注目されたが、ここでは、条例論の観点から、いくつかの特徴をみてみよう。

道路法許可基準の追加　第一の、そして最大の特徴は、道路占用許可に関して、道路法の法律実施条例となっている点である。すなわち、条例で独自に規定された内容が道路法にリンクし、その一部となって運用される。たとえば、道路占用許可基準の消極要件として、「福岡市暴力団排除条例……第二条第二号に規定する暴力団員」（九条一項一号ア）がある。暴力団条項は、許可基準を規定する道路法三三条一項にはみられない。許可基準の横出し的追加である。ほかの独立条例の実効性を道路占用許可においても確保しようというのである。

この対応は、占用許可という「申請に対する処分」に関するものである。それ以外に、許可取消し（二〇条）

といった不利益処分に関しても、前述の条文（九条一項一号ア）が規定されている。不利益処分基準の横出し的な追加である。

読込みでなく横出し　暴力団条項に関しては、法律の文言を解釈して具体化し、地域特性を反映することによって、深刻化する方法も考えられる。行政手続法にもとづく審査基準（五条）や処分基準（一二条）の策定である。そもそも暴力団員であることが欠格要件になるのは道路法上当然であると解釈するのである。そして、これら基準を条例により明確にすると説明できないではない。しかし、福岡市条例は、こうした「読込み」は困難と判断し、横出しを選択した。

許可される場合の限定　第二に、道路法は、道路管理者に対して、「……許可することができる」というように、効果裁量を認めているが、条例では、「……次に掲げる基準のいずれにも適合するときに限り、市道等占用許可を与えるものとする」というように、効果裁量を否定している点である。行政の判断余地をわざわざ狭くするのは、めずらしい。

行政法学上、道路占用許可の法的性質は、「特許」といわれる。そもそもそうした行為を行う自由はない点で、食品衛生法の営業許可のような「許可」とは異なる。それゆえに、道路管理者の裁量は大きいのであるが、許可を羈束的にしており、若干の違和感がある。

立法者のメッセージ　おそらくは、こういうことであろう。福岡市は、屋台という「システム」に、一般的に公益性を見いだし、この条例の適用を通じて、個別の屋台に関して、その公益性を具体化させようとしている。「良質の屋台」は、今後とも存続させたいのである。そこで、厳格化した要件をクリアできるような業者に対しては、積極的に許可を与えるというメッセージを伝えるべく、あえて行政裁量を制約するような規定ぶ

りとした。特許という性質をいわば逆手にとった法政策と評価できる。

屋台に関する総合条例　第三に、法律実施条例以外にも、屋台営業の適正化を実現するための独立条例を含んだ（例：三四条の立入検査）総合条例となっている点である。適正な屋台営業という大きな傘のもとに、法律と条例を位置づけた。自治体政策を実施する法律と条例の、新たな役割分担である。「基本条例」という名称には、屋台に対する福岡市の熱い気持ちを感じる。

私と同じ発想！　福岡市は、「自治事務に関して憲法九四条により与えられている条例制定権を踏まえて制定した」という。「個別法に条例規定がないことは制定の障害にはならない」ともいう。かねてより私が主張してきた考え方である。福岡市条例は、道路法という公物管理法に関するものであったが、今後とも、こうした解釈を踏まえて、いわゆる規制法であっても、地域特性を反映する法律実施条例が制定されることを期待したい。

18

公調委の真意
——北海道砂利採取条例事件裁定

公調委裁定のインパクト　公害等調整委員会（公調委）が、二〇一三年三月一一日に下した裁定は、地方分権時代の法解釈に、ちょっとしたインパクトを与えるように思われる。前提となった事件は、大要次の通りである。

条例による基準明確化　砂利採取をする際には、砂利採取法一六条にもとづいて、都道府県知事に計画認可申請をしなければならない。同法一九条は、申請を拒否する基準のひとつとして、「他人に危害を及ぼし……公共の福祉に反するとき」と規定している。これは抽象的な基準であるが、北海道は、二〇〇一年に、「砂利採取計画の認可に関する条例」を制定し、申請者に対して、金融機関または業界団体の保証措置を求めていた。具体的には、保証契約書である。

履行保証措置　砂利採取をすれば大きな穴ができる。採取者にはそれを埋め戻す義務があるが、北海道では、掘逃げ事件が多発していた。それを放置すると、転落事故などのおそれがあり、他人に危害を及ぼしかねない。義務は認可を受けた者にあるが、不履行の際に、時間をかけて措置命令や行政代執行などを行うのは、実務としてはコストがかかって適切ではない。そこで、埋戻しについて第三者の債務保証を求めたのである。

不認可処分の取消しを求める　陸砂利の採取を計画した砂利採取業者が、砂利採取法一六条にもとづき、北海道知事に計画認可申請をした。この申請には保証契約書が添付されていなかったため、知事は不認可処分をした。その取消裁定を申し立てたのが本件である。

条例を適法とした理由　公調委は、不認可処分は適法であるとして、申立てを棄却した。関心が持たれるのは、北海道条例を適法とした理由である。

裁定は、保証措置を求める北海道条例は、「法一九条の文言及び解釈を超えた別段の規制」としたうえで、「法及び省令は、砂利採取計画の不認可事由について、全国的に一律の同一内容の規制を施す趣旨ではなく、それぞれの普通地方公共団体において、その地方の実情に応じて別段の規制を施すことを容認する趣旨である」とした。徳島市公安条例事件最高裁大法廷判決（最大判昭和五〇年九月一〇日判タ三二七号二一〇頁）の枠組みである。法律の実施にあたって自治体が自主的判断をした条例を適法とした裁定の結論は、分権時代の条例にとっては、明るい前途を期待させる。

独立条例と解した　しかし、理論的には、判然としないところがある。大法廷判決が前提とした公安条例は、道路交通法と目的は共通にしている部分があるけれども、同法からは独立した条例である。一方、北海道条例は、「砂利採取法……第一六条の規定による採取計画の認可……に関し、必要な事項を定めるもの」（一条）というように、同法の実施に関して地域特性適合的な規定をする法律実施条例である。条例のタイプが違うのに、なぜ最高裁判決の法理を適用したのだろうか。

公調委は、北海道条例を法律実施条例ではなく独立条例と評価したのだろう。「別段の規制」という表現は、その意味で用いられている。

意図的曲解？　しかし、この判断には、相当な無理がある。何より、条例一条の文言に反するし、「知事

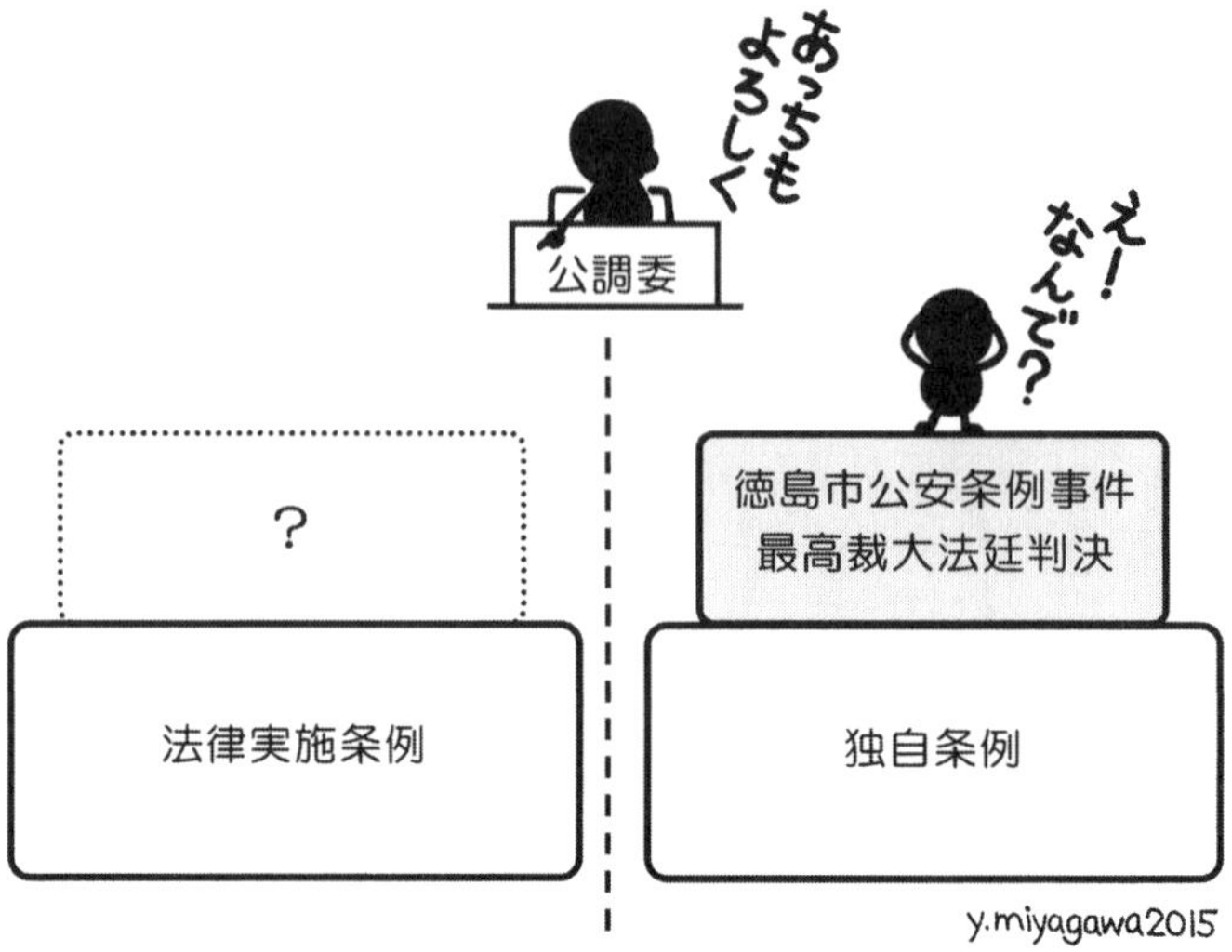

は、法第一九条に規定する認可の基準の適用に当たっては、特に当該採取計画に定める次に掲げる事項が適正かどうかを審査しなければならない。」として、事項のひとつに「保証措置」を掲げる七条の仕組みにも整合的ではない。北海道条例は法律実施条例であると評価する方が素直なのに、公調委はなぜねじ曲げたような解釈をしたのだろうか。

徳島市公安条例事件大法廷判決を踏まえつつも法律実施条例の法律抵触性判断基準をつくることが必要という点については、学界にも認識があるが、現実には提示されていない。

解釈論としては誤り　公調委にはそれが求められたのであるが、果たせなかったため、前提を異にする大法廷判決の射程に北海道条例を取り込んだのではないだろうか。そうだとすれば、判断方法としては本末転倒であって、間違っていると言わざるをえない。公調委や裁判所の使用に耐える判断基準を早急に提示する必要性を痛感させる裁定であった。

19

斬れる刀
——条例の法律抵触性判断基準

大法廷の判決の射程　徳島市公安条例事件最高裁判決（最大判昭和五〇年九月一〇日判タ三二七号二一〇頁）は、条例の法律抵触性判断基準を示したものとして有名であるが、どのようにでも考えることができるために基準として機能しないという論評もある。たしかに、これまで条例の適法性が問題となった事件は多くあるが、裁判所がこの基準を用いて具体的条例を違法とした例は少ない（徳島地判平成一四年九月一三日判自二四〇号六四頁参照）。

徳島市条例事件は、いわゆる並行条例に関するケースである。分権時代になっても、並行条例は多く制定されるから、同判決を踏まえて、抵触性判断基準を洗練する必要は大いにあるといわなければならない。

リンク型条例は射程外　一方、分権時代には、法定事務に関する条例、いわゆるリンク型の法律実施条例が多く制定されることが予想される。この条例は、法律との関係で、目的は同一である。また、法律が事務を自治体の事務としている以上、地域特性を踏まえた対応を一切認めないのが原則と解することはできない。したがって、最高裁判決の基準をあてはめると、ほとんどがパスしてしまう。これでは、基準とはいえない。

新たな判断基準　憲法九四条が規定する「法律の範囲内」という基準をリンク型条例との関係でどのように具体化するか。条例制定権の限界確定は、政策法務論に求められている作業である。以下、いくつかの基準

を指摘しておこう。なお、平等原則や比例原則に反することができないのは当然であるが、ここではそれには触れない。

事務事項的限界　第一は、事務事項的限界である。憲法九四条を受けた地方自治法一四条一項が具体的に規定するように、「普通地方公共団体は、法令に違反しない限りにおいて第二条第二項の事務に関し、条例を制定することができる」。二条二項は、「普通地方公共団体は、地域における事務及びその他の事務で法律又はこれに基づく政令により処理することとされるものを処理する」と規定する。自治体の事務には、本来的なものと法政策的に創設されたものとがあることになる。抽象的にいえば、後者については、条例余地が狭くなる。

国の役割として決定されたこと　当然の前提として、国の役割として完結的に決定されたことがらは対象外である。ただ、国がその役割にもとづいて決定した事項であっても、それが自治体の事務に密接に関係する場合（例：政省令による基準設定）には、地域特性に応じた対応をする必要があれば、これを条例（および、その委任を受けた規則）で修正することは可能である。自治体の事務である以上、許可基準の横出し的追加もできる。

立法事実的限界　第二は、立法事実的限界である。本来的には自治体の事務であっても、法政策的観点から国が一律的に対応すべきような正当な立法事実がある場合には、それを条例で修正することはできない。

大規模小売店舗立地法の場合　これを明文で規定する例としては、大規模小売店舗立地法一三条「地方公共団体は、小売業を行うための店舗の立地に関し、その周辺の地域の生活環境を保持するために必要な施策を講ずる場合においては、地域的な需給状況を勘案することなく、この法律の趣旨を尊重して行うものとする」がある。たとえば、中小小売店舗の保護を目的とする需給調整の観点からの規制を禁止するのである。

工場立地法の場合　解釈上そのようにいえるものとして、工場立地法のもとでの緑地・環境施設基準がある。告示で規定されるこの基準について、都道府県は、条例で独自の上乗せ的規制が可能である（四条の二）。この点に関して、再生可能エネルギー生産の拡大という国家的政策から、二〇一二年一月に、太陽光発電施設に関する生産施設面積規制を緩和する告示改正がされたところ（面積割合が五〇％→七五％）、たとえば、緑地・環境施設割合を三〇％として、告示改正の効果を減殺する結果となる条例の制定はできないと解すべきだろう。

条例否定規定が必要　そのほかにも、有用な基準があるかもしれない。自治体事務である以上、条例制定が可能なのが原則であるが、その権能を確固たるものにするためにも、「できない場合」を明確に限定するような法理論が求められるのである。

20

草刈り行政代執行
——名張市雑草除去条例

驚天動地の世界？　不利益処分である措置命令を出すことすら非日常的であり敬遠される自治体行政において、行政代執行法にもとづいて代執行をするなどは、驚天動地の世界であるに違いない。その実施事例がここにある。読売新聞二〇一一年九月一三日版の記事をみてみよう。

名張市の実例　同紙は、次のように報ずる。「三重県名張市は二〇〇八年度から、所有者が命令に従わない場合、行政代執行によって市が雑草の除去をすることができるようにした。〇九年、一〇年の二年度で計一一区画の雑草を除去し、費用を所有者から徴収した。その後は、所有者が自治会に有償で除草を依頼するようになるなどのケースも出ているという」。

条例の仕組み　命令の根拠となる条例は、「名張市あき地の雑草等の除去に関する条例」である。概要は、⑴所有者等にあき地常時適正管理義務を課す（三条）、⑵不適正管理状態の場合に措置の指導・勧告をする（四条）、⑶勧告不服従時に措置命令を発する（五条）、⑷命令違反に対して行政代執行法による行政代執行を実施する（七条）、というものである。⑷については、明記せずとも同法の適用は可能と一般に理解されているところ、確認的に規定したのであろう。

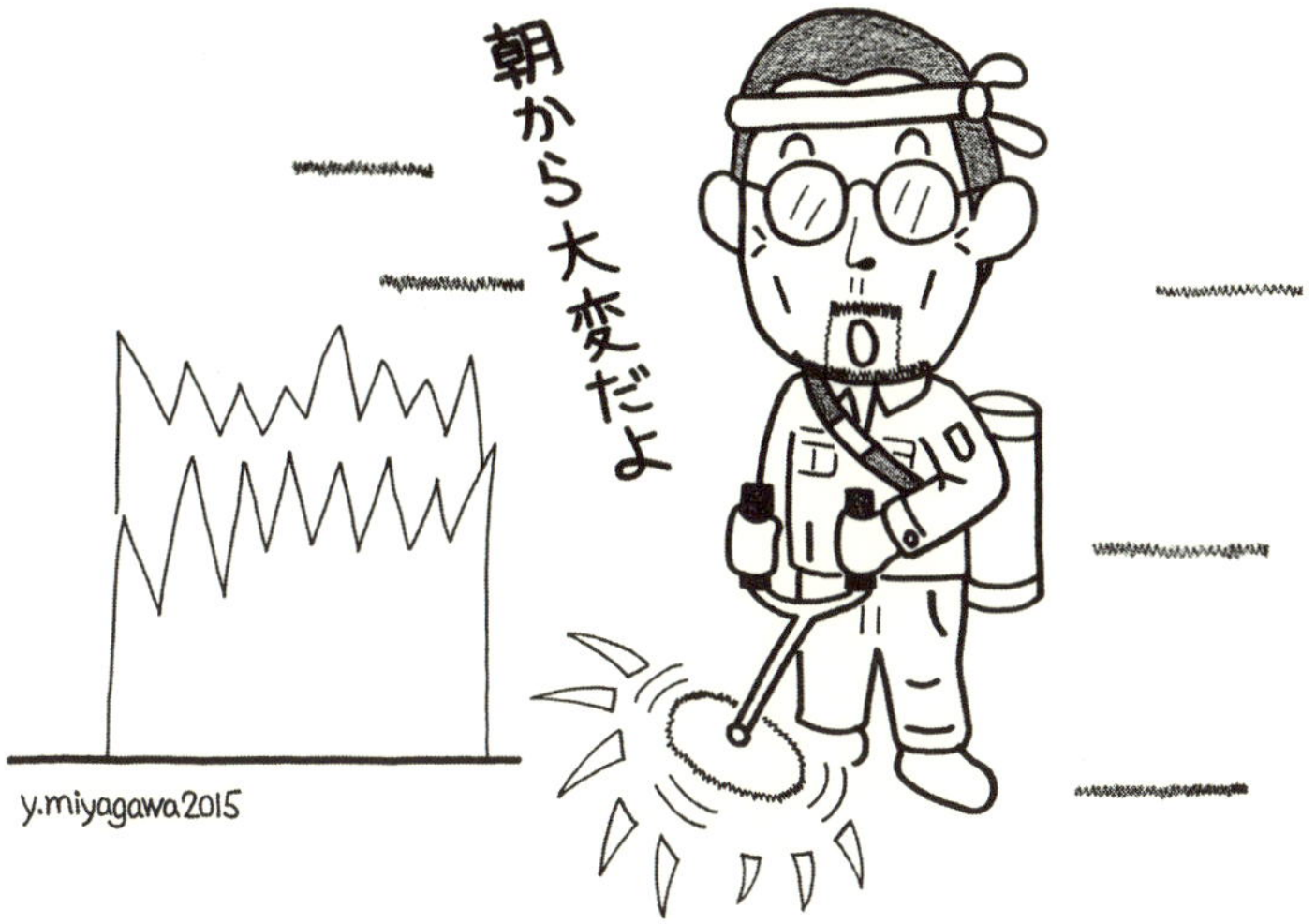

二年で七件　一般の行政執行過程がそうであるように、名張市においても、⑵の手続が数回繰り返された。しかし、対応がされなかったことから、⑶さらには⑷へと進んだのである。代執行後は、義務者に対して代執行費用納付命令書を送付し、電話連絡や面会など手を尽くして最終的には支払わせている。二区画というが、行政代執行の件数としては七件である。一件あたりの代執行費用は、三〜四万円程度であった。

事務手数料の上乗せ　前出の新聞記事には、名張市環境対策室の興味深いコメントが紹介されている。すなわち、「放っておいても、市が除草をしてくれると思われないように、業者に頼むよりも高い費用を請求している」というのである。これは、行政代執行に要した行政事務手数料を上乗せしているために高くなったらしい。直接に業者に依頼すれば、この五〇〜七五％で済んだようである。納付命令書には、合算した額しか記載されていないが、義務者に対しては、明細が通知されている。

「著しく公益に反する」　行政代執行法二条によれば、命令不履行の状態が「著しく公益に反する」場合には代執行可能になる。したがって、市は、すべてのケースにおいてそのように認定したことになる。

相対的基準　この判断は、絶対的基準によりなされるものではない。名張市条例の目的は、「清潔で安全な市民生活に寄与すること」（一条）である。市民の生命・健康に支障があるというのではなく、雑草がかなり繁茂しており地域の生活環境の保全の観点から、この一一区画はほかの事例と比較しても問題があると考えられたのであろう。雑草が二メートル以上繁茂したり低木状態になっていたらしい。その意味では、使える武器を機動的に使って条例目的を実現したということになる。

強い意思　通常の行政現場の意識からすれば、「たかが雑草くらいで代執行までするのか」と感じられるところであろう。この点に関しては、所有者の適正管理責任を追及する市の強い姿勢を感じる。また、行政指導では解決せず、命令・行政代執行という「手荒な手段」にまで発展したのは、義務者が市外の住民であったことも影響しているように思われる。

注目すべき対応　命令違反に対しては行政刑罰を規定する条例も多いが、本条例は行政的措置のみを規定する。そして、現実に執行している。最初のケースは敷居が高かったのだろうが、回数を重ねると抵抗感も少なくなるのだろうか。代執行要件判断基準の公開やプロセスの透明性は必要だろうが、自ら創設した事務に関して積極的に権限を行使している注目すべき自治体である。

21 過剰包摂修正の意義
――地方自治法新九六条二項

地方自治法九六条二項　地方自治法九六条二項は、いわゆる任意的議決事件の条例追加を規定する。第一次分権改革の際に改正された同項は、「……普通地方公共団体は、条例で普通地方公共団体に関する事件（法定受託事務に係るものを除く。）につき議会の議決すべきものを定めることができる」となっていた。これは、法定受託事務として実施される自治体事務について、議会の関与を排除するものとして受け止められている。議決がないと前に進まないようにはしてはならないというわけである。

カッコ書きの改正　二〇一一年四月の改正によって、カッコ書きの中身は、「国の安全に関することその他の事由により議会の議決すべきものとすることが適当でないものとして政令で定めるもの」となった。これは、かつては過度に包括的に議決権から除外している規定ぶりになっていたことを修正するものであり、「議決事件の範囲の拡大」と受け止められている。

立法者意思　政令が未制定の時期に、片山善博総務大臣（当時）は、国会審議において、「非常時における国民の生命身体の保護にかかわるものでありますとか、国の安全に関するものなどを一般論としては想定している」（第一七七回国会衆議院総務委員会議録一一号（二〇一一年四月一九日）二頁）、さらに踏み込んで、「……自衛隊法でも法定受託事務がありまして、例えば、自衛隊の展開予定地における物資の収用でありますとか……という問題がありまして、そういう点については……全国的な統一的な国の指針のもとに事務が行われるということの方が妥当だろう」（同前二六号一六頁）と答弁している。団体自治の観点からの制約といえようか。国家のなかにおける「国と自治体の適切な役割分担の実現」のための措置である。

自衛隊法一〇三条一項の場合　具体例として、自衛隊法についてみてみよう。同法一〇三条一項は、首相が自衛隊に防衛出動を命じた場合において、知事は、防衛大臣などの要請にもとづき、物資の生産や販売などを業とする者に対して、保管を命じたりこれを収用したりすることができるとする。「事務の区分」を明示する一一六条の三は、一〇三条事務を第一号法定受託事務としている。こうした事務について、議会の議決がなければ知事の権限行使が適法に実施できないというのでは、たしかに適切ではないだろう。

法執行の阻止はできない　自衛隊法の場合、首相の防衛出動命令を実施する過程に法定受託事務が存在している。そこで歯止めを食らえばそれ以上に事務を進めることができなくなり、結果的に、同法のもとで発出された命令は履行されない。法目的実現の観点から問題のある状況になってしまうのである。二〇一一年改正で議決権が制約された事項は、このように国の権限行使の実現過程に自治体の法定受託事務が存在しているような例外的なものであろう。片山大臣は、「この政令で定めるものは極めて限定的に解されるもの」（同前）とする。

それ以外は可能　一方、そうした効果を持たない法定受託事務については、知事の決定にあたって議会の関与を認めても、それは当該自治体の住民自治の問題ということになる。何を選択するかは自治体の裁量であるが、中央政府は、海岸法二条の三にもとづく海岸保全基本計画、河川法一六条にもとづく河川整備基本方針などを想定しているようである。

適切なネガティブ・リスト方式

自治体ができないことを限定的にネガティブ・リスト方式で規定する今回の対応は、法定自治体事務（法定受託事務および法定自治事務）に関する立法のあり方としては適切である。「できない」という側が「できない理由」を論証する責任を負うことになる。

なお、法定受託事務に関して自治体が条例で基準を横出し的に追加するような条例は、そもそも地方自治法九六条二項が念頭におく議決事件ではない。これは、手続法的には、同条一項一号にもとづき必要的議決事項であり、実体法的には、憲法九四条にもとづいて制定が可能なものである。

第Ⅳ部 まちづくりと条例

22 「条例で定める図書」の活用
――景観法施行規則一条二項四号条例

事前協議の位置づけ　自治体景観行政の現場では、景観法一六条にもとづく届出に先立って、何らかの協議が求められている場合が多い。しかし、それは、同法との関係では、「法外的手続」と解されているようであり、たとえその手続が履行されていなくても、届出は受け付けて審査を進めるしかないと考えられている。果たして、常にそうだろうか。

条例指定図書　景観法の立案者がどのように考えていたかは定かではないが、事前協議の終了を届出審査開始の要件にすることができる規定が存在する。それは本則ではなく、施行規則一条二項四号にある。一条二項は、景観法一六条にもとづく届出に際して添付すべき図書を列挙するが、四号は「前三号に掲げるもののほか、添付が必要なものとして景観行政団体の条例で定める図書」とも規定する。

この図書とは、当然のことながら、届出内容を審査するためのものである。おそらくは、事業者が決定した建築計画に関係するものが主に念頭におかれているのであろう。しかし、それに限定する必要はない。

景観計画の即地的読み解き　届出内容は、最終的には、事業者が自律的に決定するものではある。それに至る前の景観協議においては、たとえば、定性的・抽象的に記述されている景観計画の内容を、建築が予定されている場所に関して読み解いて具体化をし、それを踏まえて建築計画内容を行政や専門家を含めて検討するという実務が行われていることがある。このプロセスについて、大きな景観インパクトを与える一定規模以上の建築計画をよりよいものにするには不可欠であると景観行政団体が考えるならば、その履行を条例で義務づけることが考えられる。実際、多くの景観行政団体では、景観法施行後も、条例にもとづいて景観協議を制度化している。

この手続を経ることにはそれなりの合理性があるから、現行法制のもとでは、協議完了時点でそれを証する文書を交付し、それを一六条の届出の添付図書とすればよい。その根拠となるのが、施行規則一条二項四号が規定する条例である。

横須賀市景観条例の対応　実例を見てみよう。横須賀市景観条例は、⑴景観法が条例に委ねた部分の規定、⑵景観法とは独立した規定から構成される。⑴のひとつである一〇条は「省令第一条第二項第四号の条例で定める図書は、次に掲げるものとする。」（一項）とするが、そのひとつが「〔条例〕第七条第六項に規定する協議終了通知書の写し並びに規則で定める計画概要書及び景観チェックシート」である（一号）。したがって、横須賀市においては、協議終了をしていない届出対象行為については、一六条の届出をすることができないのである。届け出ても不適式なものとして処理される。すなわち、事業者の側が届出に関して必要な義務を果たしていないということになるのである。

横須賀市が、このようなリンケージ効果を狙ってこの規定を設けたのかどうかは不明である。いずれにせよ、

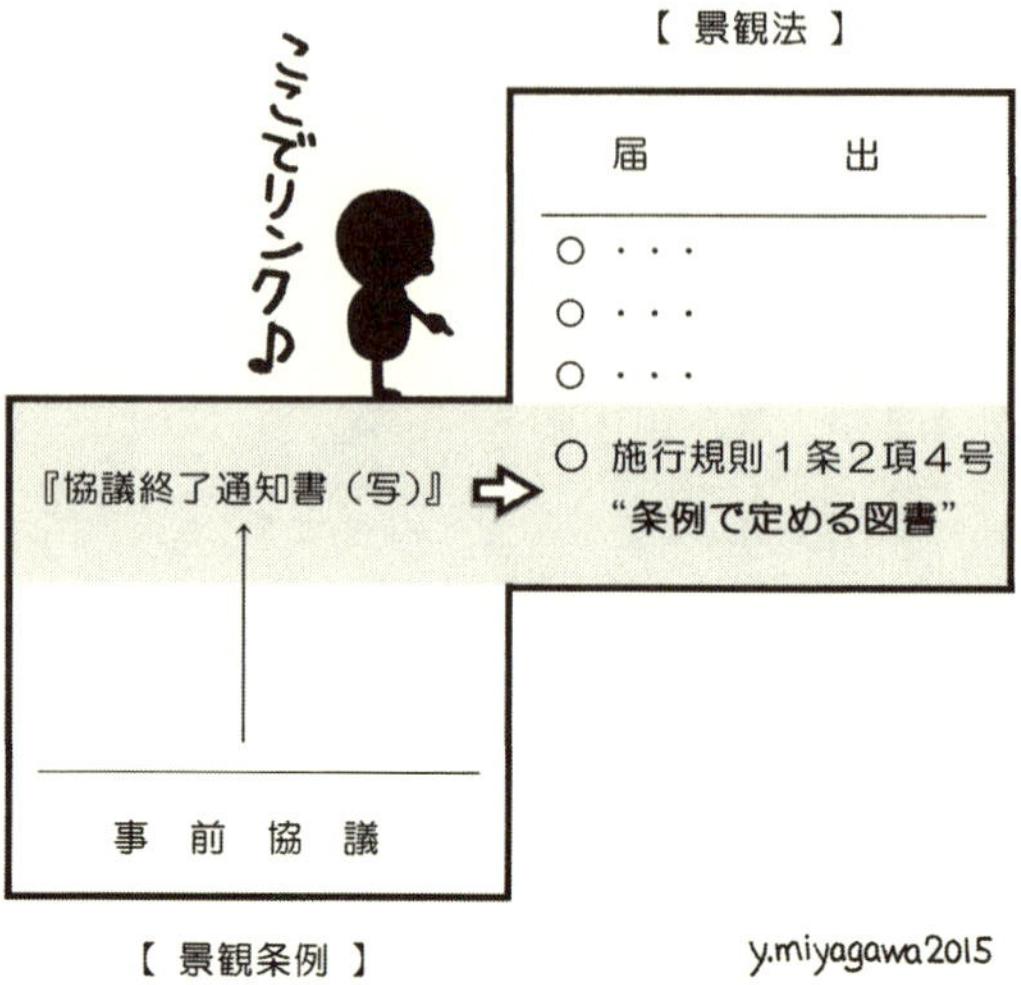

政策法務的にみれば、結果的に興味深いリンケージが実現されている。

条例で独自に添付図書を指定することができる規定は、景観地区制度に関しても存在する。景観法施行規則一九条一項六号は、「前各号に掲げるもののほか、添付が必要なものとして市町村の条例で定める図書」と規定するのである。

可能になるリンケージ　これらの規定を使えばリンケージが可能になることを自覚して、条例を制定している自治体があるかどうかはわからない。景観地区を設定している芦屋市の景観条例は、認定申請前に景観協議を義務づけているが、認定申請に際して必要とする図書として協議終了通知書を規定してはいない。

事前手続を正面から景観法手続に位置づけるのが法政策的には適切であるが、現行法のもとでもやってやれないことはない。法令はよく読んでみるものである。

23

白菜の芯!?
――高松市景観条例・施行規則

予想外の展開　二〇〇四年に景観法が制定された後も、景観行政団体となって景観計画を策定した自治体の多くにおいては、独自条例にもとづく事前協議が温存されている。景観法の立案者にとっては、おそらくは想定外の展開である。

景観法とは別世界?　ところで、事前手続を条例化している自治体には、公言できない悩みがある。事業者がそれを終了しないままに景観法一六条の届出をした場合において、独自条例違反としてサンクションを加えることは可能であるにしても、景観法のもとでの不適法な届出であるとしてこれを拒否することができないのである。一体的に運用してはいるが、独自条例の仕組みは、景観法との関係では、法的にみれば「別世界」となっている。

法律実施条例としての位置づけ　私は、景観計画に適合した設計を可能にするには、景観法の手続では不十分であると考え、事前手続を設けることには合理性があると主張してきた。そして、景観法はそうした手続を否定してはおらず、したがって、適切に制度設計された手続であるかぎりは、その終了を景観計画届出の適法要件と考えてよいと主張してきた。これは、これまで独自条例と整理されてきた手続に、「法律実施条

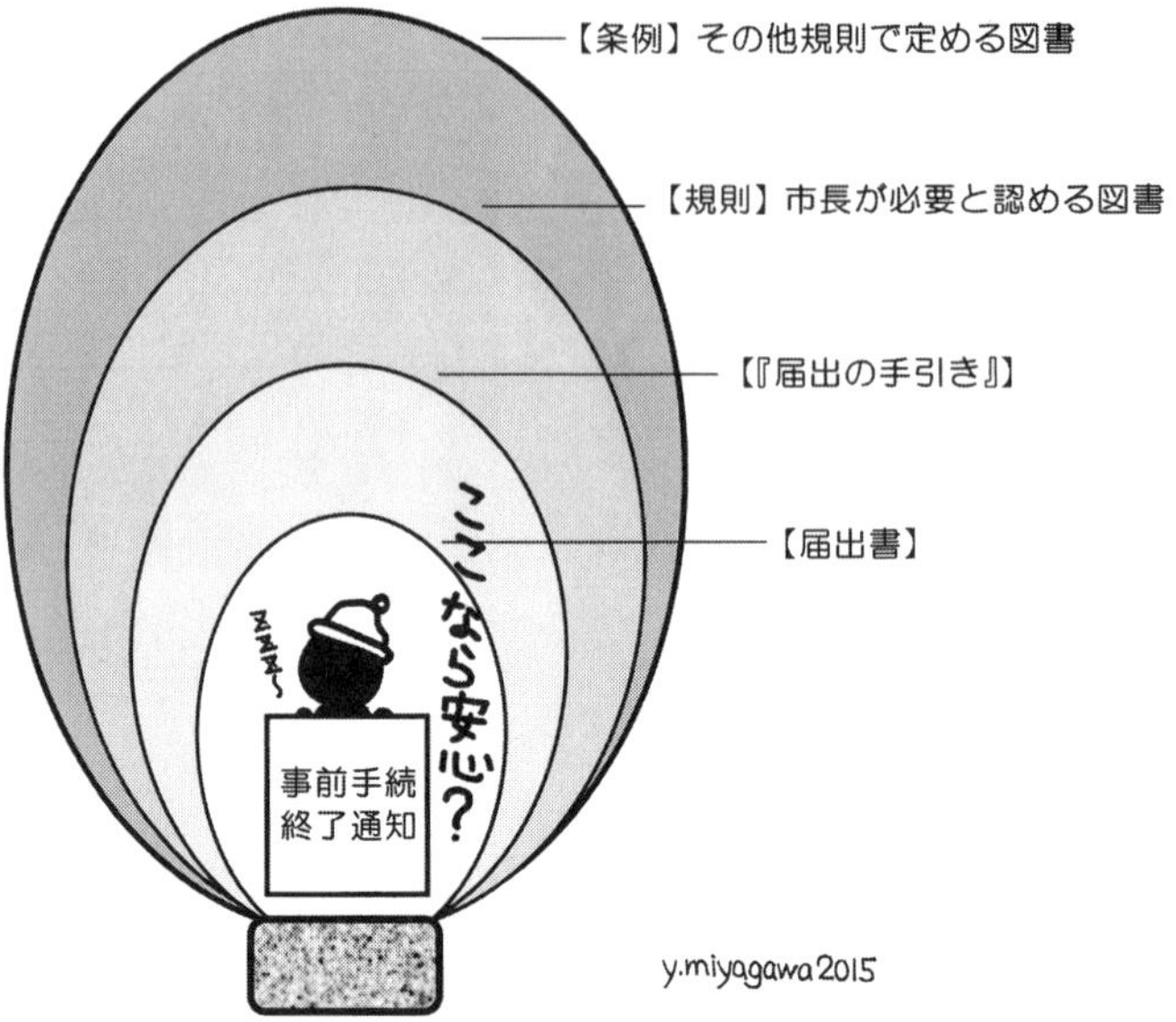

例」としての性格を与えることになる。

景観法施行規則一条二項四号　「どこに根拠があるのか」といわれるだろうが、やや技巧的ながらひとつの形式的整理として、事前手続終了通知書を発行し、これを景観法施行規則一条二項四号にもとづく「添付が必要なものとして景観行政団体の条例で定める図書」に位置づけることがある。22でみたように、横須賀市景観条例（二〇〇四年制定）一〇条一項一号が、そうした対応をしている。

そのほかに、二〇一二年三月に制定された高松市景観条例が、同様の対応をしていることを知った。ただ、ややわかりにくい仕組みになっている。

「市長が必要と認める図書」　高松市条例一〇条は、景観法施行規則一条二項四号の条例で定める図書として、「建築物の平面図、断面図その他規則で定める図書」を規定する。そこで、条例施行規則七条をみると、外構平面図、完成予想図のほかに、「市長が必要と認める図書」とある。

これでは、具体的に何が必要なのか不明である。横須賀市条例が「協議終了通知書の写し」と明確に本則で規定しているのと対照的である。

結局、協議終了通知　何が必要かの答えは、高松市都市計画課『高松市景観条例に基づく届出の手引き』にあった。そこでは、「景観計画区域内における行為の届出書（様式第四号）」が指定されている。これである。その様式をみると、埋めるべき欄のひとつとして、「事前協議結果通知日および発送番号」がある。高松市条例九条は事前協議を求めるが、「市長は、事前協議が終了したときは、規則で定めるところにより、事前協議を申し出た者に対し、その結果を通知するものとする。」（三項）。通知書の様式は、施行規則で「様式第三号」として規定されている。このように、三号書式に記された通知日と発送番号を四号書式に記入させることによって、結果的に、事前協議の実施を景観法のもとでの手続として位置づけているのである。

四号書式のこの欄がブランクになっている届出書は、不適式な届出となり、景観法一六条の審査がスタートしないという整理であろう。「届出書の記載事項に不備がない」（行政手続法三七条）とはいえないのである。

過剰包装？　しかし、この仕組みは、いかにもわかりにくい。やや大袈裟にいえば、白菜の葉を何枚も剥いていってようやく芯の部分に根拠規定を発見するようなものである。

高松市は、横須賀市条例の存在を知っていた。したがって、敢えてそのスタイルを踏襲しなかったのである。なぜだろうか。景観法施行規則一条二項四号を使った前例があるのでその点で安心としつつも、ぎらつく形でのリンケージを規定するほどには自分自身の法政策に十分な自信が持てないと考えたからかもしれない。

法律リンク型の法律実施条例の一例ではあるが、自治体政策法務にとって重視すべき透明性の欠如が少々気にかかる。

24

たかが空き家、されど空き家

——環境条例最先端！

空家対策特措法との関係について　24～32は、市町村が制定した空き家適正管理条例に関するエッセイである。これらの執筆後の二〇一四年一一月一九日に、「空家対策の推進に関する特別措置法」（空家対策特措法）が成立した。それぞれにおいて論じている内容と特措法との関係については、必要な範囲で、それぞれの末尾に〔追記〕として簡単なコメントを加えた。

激増！　この数年における自治体環境条例の制定動向をみていて顕著なのは、空き家適正管理条例の激増である。空き家それ自体は以前から存在し、その不適正管理に起因する住民苦情も、以前から行政に寄せられていた。法政策の舞台に登場する伏線は、十分にあった。そのような状況のなかで、爆発的増加のトリガー（引き金）を引いたのは、二〇一〇年七月に制定された「所沢市空き家等の適正管理に関する条例」である。

使えない法律　空き家対策に使えそうな法律としては、建築基準法、消防法、道路法、道路交通法などがある。しかし、いずれもが「帯に短し、たすきに長し」と感じられていた。そこで、法律とは関係のない独立条例として制定されたのである。その後の条例の大多数は、所沢市条例と同じ独立条例である。

条例の概要　おおよそ共通する内容は、次のようである。空き家の管理者に適正管理を義務づける。行政に管理状況の調査権限を与える。さらに、不適正管理状態があれば管理者に行政指導する権限を、行政指導に従わない場合には命令を出す権限を与える。これは、典型的な構造の規制条例であり、そのかぎりにおいては、条文作成が難しいというわけではない。

アプローチの相手方　しかし、老朽空き家への条例対応には、意外な論点が存在している。第一は、アプローチの相手方である。行政指導であれば当該物件に関して権原を有していなくても構わないだろうが、命令となると、除却等を適法になしうる所有者でなければならないのは当然である。しかし、条例の多くは、この点についての認識が薄い。

立入調査　第二は、立入検査である。周辺からの「状況調査」のみを規定する条例は、立入調査はできないことを前提にしているようである。しかし、そのように解する理由はない。除却命令の発出ともなれば、専門家が家屋内部に立ち入って構造の状況等を確認する作業が不可欠である。それをせずに命令が出せる旨を規定する条例もあるが、かりにそのようにすれば、根拠が不十分ゆえに命令が違法となる可能性もある。

所有者の把握　第三は、所有者の把握である。登記がされていない建物が少なくないが、固定資産税は課税されており、資産税課は情報を持っている。それを空き家担当が入手できるかである。**26**でみるように、税務情報の守秘義務を規定する地方税法二二条が問題になる。運用状況は自治体によって多様である。絶対無理という自治体もあれば、解釈により可能という自治体もある。

相続放棄と相続人不在　第四は、相続放棄物件や相続人不在物件である。行政が利害関係者でない場合には、検察官に依頼して、家庭裁判所に対して相続財産管理人の選任をしてもらうことになる。弁護士や司法書士が選任されることが多いが、行政は、同者と協議しながら処理を進めることになる。

緊急時対応　第五は、緊急時対応である。除却命令は行政代執行が可能であるが、手続にそれなりの時間を要するため、今にも崩落しそうな物件に対して適用することはできない。そこで、即時執行を規定することになる。必要最小限の措置しかできないが、命令を介することなく、行政が職権判断で被害防止措置を講ずる。費用は、事後的に請求するが、行政代執行費用のように強制徴収はできない。

事務管理　第六は、事務管理の可能性である。自治体職員と議論すると、「事務管理は使えませんか」という質問をよく受ける。しかし、これは無理。事務管理は「何かをした後の事後調整の法理」であり、「これからすることを根拠づける法理」ではない。それを認めるなら、何でもありになってしまい、法治主義の観点からは危険である。

産むは易し？　まだまだ多くの論点がある。制定されている条例は、こうした点についてどのように考えたのかは定かではない。市民や議会の声に押されてとりあえず制定した「コピペ条例」も少なくない。そうならば、実施にあたって相当に苦労することになるだろう。

〔追記〕　空家対策特措法は、立入調査（九条）と固定資産税情報の利用（一〇条）について規定したが、相続放棄物件・相続人不在物件への対応、緊急時対応については規定していない。

25 交渉による行政
——空き家対策としての緊急安全措置

必要性が産み出す実効性確保手法

行政法テキストで「行政法の実効性確保手法」という部分をみれば、そこでは、直接強制、即時執行、行政代執行、行政罰といった手法についての説明がされていることが多い。しかし、現実の行政は、理論によって枠づけられるのではない。実際の必要性から、理論が想定していなかったような手法が生み出され、それが行政法理論によって受け止められる場合もある。「違反事実の公表」は、その典型例であろう。

足立区条例の概要

「行政実態先行型」の例として最近注目されるのは、「緊急安全措置」である。どこで初めて用いられたのかはわからないが、私がこの手法に気づいたのは、二〇一一年に制定された「足立区老朽家屋等の適正管理に関する条例」に接したときである。

多くの空き家条例と同様、足立区条例も、所有者に対して、家屋の適正維持管理義務を課し、必要があれば、指導・勧告をする旨を規定する。それが従われなかった場合、多くの条例は、「不服従事実の公表」や「措置命令→行政代執行」となる。これは、行政権の優位を前提とする、いわば垂直的対応である。通常の制度設計ならば、おそらくこのようになるだろう。

足立区条例の工夫　ところが、足立区は、水平的対応を基調としている。第一は、助成である。指導・勧告に応じて措置を講じる所有者に、九〇％・一〇〇万円までの補助をする。内容は異なれどもこうした経済手法は、ほかの条例にも規定されている。足立区条例に特徴的なのは、第二の手法である「緊急安全措置」である。

緊急安全措置　同条例七条は、次のように規定する。「区長は、建物等の危険な状態が切迫している場合で、所有者等から自ら危険な状態の解消をすることができないとの申出があったときには、危険な状態を回避するために必要な最低限の措置（以下「緊急安全措置」という。）をとることができる」（一項）、「区長は、前項に規定する緊急安全措置を実施する場合は、所有者等の同意を得て実施するものとする」（二項）。

危険が切迫した際に行政が講ずる措置として通常考えられるのは、即時執行である。放置自転車の撤去に典型的である。これは、行政が職権で判断したうえで、相手方の同意のいかんにかかわらず、必要最低限の強制力を行使して目的を達成する。

合意を踏まえた対応　「緊急安全措置」は、その名称からすれば即時執行のようにみえる。しかし、まったく性格を異にする。危険切迫状態を職権判断するのは同じであるが、次の一歩を別の方向に踏み出している。すなわち、所有者の申請主義になっている。指導・勧告を受けた所有者が「白旗」を揚げたときに、所有者と合意をして行政が措置を行うのである。

これは契約　この措置の法的性格は何だろうか。所有者に対して、「危ないから何とかしてください」という指導をした場合において、「私には無理ですから区役所でやってください」という依頼があったときに実施する。措置にあたっては、一定事項の承諾を書面で所有者にさせる。その内容には、費用の事後支払いも含まれ

ている。

これは、契約である。具体的行政手法としては、公害防止協定・環境保全協定が有名である。協定の場合、内容は、往々にして事業者の義務のみが定められる片務契約であり、効力が一定期間継続することが予定されている「線的」なものである。

これに対し、「緊急安全措置」は、相互が義務を負いあう双務契約であり、具体的措置のみを対象とする「点的」なものである。

現場ならではの判断　足立区がこの措置を規定した背景には、「措置命令→行政代執行」を規定しても機能しないという判断があったのだろう。措置命令の場合は、要件認定が難しい。また、行政代執行は、手続が面倒であるし、実施をしても、費用は回収不能になる可能性が高い。

「緊急安全措置」の場合、行為の着手については相手方の同意を得て行う。費用は後払いが予定されているが、実際には回収できないかもしれない。この点では、行政代執行と同じであるが、手続が遥かに簡単である。

ゴールへの近道？　「安全で健康な生活の確保」という山頂に、別の登山道から登る「交渉による行政」ともいえる措置。真に危険な場合でも申請がないと対応できないという難点はあるが、現実には申出はされるのだろう。運用の効果が注目される。

26 所有者情報の提供
——地方税法二二条と空き家条例

所有者は誰だ!　空き家適正管理条例の実施にあたって必要なのが、「誰が所有者か」に関する情報である。空き家といえども家屋であり、それゆえに必ず登記がされているように思われるが、現実には必ずしもそうではない。しかし、市町村の地方税である固定資産税は賦課されているから、固定資産税台帳をみれば、すぐに所有者情報はわかりそうである。空き家担当が固定資産税担当にその情報を求めれば、情報は出てくるだろうか。そう簡単にはいかない。24でもみたが、守秘義務の壁があるからである。

守秘義務の壁　地方税法二二条は、「……地方税の徴収に関する事務に従事している者又は従事していた者は、これらの事務に関して知り得た秘密を漏らし、又は窃用した場合においては、二年以下の懲役又は百万円以下の罰金に処する。」と規定する。地方公務員法三四条一項が「職員は、職務上知り得た秘密を漏らしてはならない。」とし、同法六〇条二号がその違反を「一年以下の懲役又は三万円以下の罰金に処する。」としているのに比べると、より厳格な対応をしている。これは、漏洩の対象となる情報が、きわめて個人的性格の強いものであることが前提となっている。

固定資産税台帳に事実が　建物の存在は、誰にでも物理的に確認できるが、その所有者が誰なのかは、一

般には知られていない。空き家担当行政についても同様である。一方、所有者情報は、固定資産税担当部署が、組織として保持している。固定資産税担当職員であれば、台帳に記載されている情報をみて、所有者を知ることになる。

はたして「秘密」か？　はたして、台帳に記された所有者名は、地方税法二二条が漏洩を禁止する「秘密」に該当するのだろうか。秘密の性格については、いわゆる実質秘説が通説判例である。

不動産登記法違反なのに　不動産登記法四七条一項が規定するように、そもそも建物の表題登記は義務であり（違反は、一〇万円以下の過料（同法一六四条））、ある建物の所有者が誰かは、登記がされているかぎり、誰でも登記事項証明書の交付請求を通じて知ることができる（同法一一九条）。この義務が履行されていないために、問題が発生するのである。

秘密に該当しない？　そうであるとすれば、納税管理人は別にして、固定資産税台帳に記載されている

「建物とその所有者」に関する情報は、地方税法二二条が漏洩を禁止する「秘密」に該当しないと解せないだろうか。地方税法上問題はないとすれば、地方公務員法上も問題はない。しかし、少々乱暴かもしれない。

個人情報保護条例で対応　あるいは、「秘密」と整理したうえで、提供が認められる場合を空き家条例で規定することが考えられる。もっとも、当該情報は個人情報であるから、固定資産税担当部局が空き家担当部局に提供するとなると、第三者提供であって、個人情報保護条例のもとでの整理は必要になる。一般に、個人情報保護条例には、「実施機関は、保有個人情報を取り扱う事務の目的を超えた保有個人情報の当該実施機関内における利用及び当該実施機関以外のものへの提供をしてはならない。」というような規定がある。しかし、同時に、「同一実施機関内で利用する場合……で、事務に必要な限度で利用し、かつ、利用することに相当な理由があると認められるとき。」というような適用除外規定もある。

目的外利用の個別認定　そこで、空き家適正管理条例のなかで要件を限定して目的外の例外的提供を規定するとともに所有者情報を空き家担当に提供することを個人情報保護審議会に諮問して答申を得て、運用を確定するなりの措置を講じればよいのではないだろうか。総務省自治税務局企画課長通知（平成一七年三月二九日総税企七〇号）は、「事案の重要性や緊急性、代替的手段の有無、全体としての法秩序の維持の必要性等を総合的に勘案」して判断すべきとする。地方税法だけをみると無理なようにも思えるが、一歩引いて考えると、違った法的風景がみえてくる。

〔追記〕空家対策特措法は、所有者等に関する情報について規定を設け（一〇条）、固定資産税情報の利用を可能と明記した。地方税法二二条の特別措置的対応という趣旨であろう。

27

最高裁判決の射程距離を考える
――牛久市あき家適正管理条例

宝塚市条例事件最判　不利益処分により課せられた義務を民事執行できるかという論点に関しては、周知のように、宝塚市パチンコ店規制条例事件最高裁判決（最三小判平成一四年七月九日判タ一一〇五号一三八頁）がある。それまでの下級審裁判例や多くの学説がその適法性を認めていたところ、最高裁は、「国又は地方公共団体が専ら行政権の主体として国民に対して行政上の義務の履行を求める訴訟は、法規の適用の適正ないし一般公益の保護を目的とするものであって、自己の権利利益の保護救済を目的とするものということはできないから、法律上の争訟として当然に裁判所の審判の対象となるものではなく、法律に特別の規定がある場合に限り、提起することが許される」として、特別法がないかぎり、こうした訴えは不適法としたのである。

現場は厭戦気分？　この判決は、学界や実務界においてはすこぶる評判が悪く、判例変更がされるべきという意見が強い。しかし、最高裁判決だけに従わざるをえず、とりわけ実務においては、それを否定するような措置は考えにくいという厭戦気分もあった。

牛久市条例の挑戦？　ところが、最近、ある条例をみてびっくりした。最高裁判決に正面から挑戦するかのような条例に出くわしたからである。二〇一二年三月に制定された「牛久市あき家等の適正管理及び有効利

用に関する条例」である。

空き家適正管理条例の制定は、二〇一〇年代前半には、ブームともいえる状況になっていた。24でみたように、火付け役となったのは、二〇一〇年制定の「所沢市空き家の適正管理に関する条例」である。その後の条例は、所沢市条例を参考にしつつ、独自の工夫を凝らしている。

裁判による命令の実現　牛久市条例の特徴的規定は、「訴えの提起」である。「市長は、第八条に規定する命令〔筆者註：適正措置命令〕を受けた所有者等が前条の規定によりその命令に従わなかった旨を公表された後において、なお、正当な理由がなくその命令に係る措置をとらなかったときは、当該所有者等を相手に訴えの提起をすることができる。」と規定する（一〇条）。

これは、所有者を被告として、同者に対して発せられた適正措置命令の履行を民事訴訟によって求めるものである。最高裁判決が「できない」と明言したにもかかわらず正面から規定された点で、きわめて注目される。

さて真相は？　牛久市は、どのような解釈によってこの規定を適法と考えたのだろうか。早速照会したのであるが、真相は、「そうした最高裁判決があることを知らなかった」のであった。やや拍子抜けであった。しかし、民事訴訟規定を起案したのは、牛久市行政現場では、最高裁判決以前の下級審裁判例や学説の状況が「常識」と理解されていたことを示すものともいえよう。

提訴という制裁　民事訴訟はできないので、一〇条は法的には意味がない規定であるが、少し考えてみよう。牛久市が訴えの提起を規定した理由であるが、「命令に従わないと被告になる」というシグナルを伝えるためのようである。いわばブラフである。市役所に行くことと裁判所に行くこととの心理的負担を比べれば、後者の方が大きいだろう。

行政代執行はしない　適正措置命令により課せられる義務については、行政代執行が可能である。ところが、牛久市は、それをやらない方針である。その理由は必ずしも明確ではないが、代執行の場合には、行政と義務者との二者関係になり、また、行政が自力で処理をしなければならないためだろうか。万が一命令を執行する必要が出たときに、第三者である裁判所の判断によった方が、負担感が少ないと考えたのかもしれない。

自力執行より他力執行　いずれにせよ、命令の実現にとっては、行政代執行よりも民事訴訟の方が効果的と行政が考えていることが興味深い。履行を命ずる判決が確定してそれに被告が従わなければ、延滞金の支払いが命じられることになるから、命令が自発的に履行されると考えたのだろうか。

勇気ある条文？　さて、牛久市は今後、一〇条をそのままにしておくのだろうか（二〇一五年四月現在、そのままである）。将来、判例変更がされれば、「悪しき最高裁判決にチャレンジした勇気ある条文」とされるが、そうでないと、「基本的政策法務知識の不足を自白する情けない条文」になる。難しい選択である。

28

自治配慮的立法
――条例先行の場合の法律のあり方

法律の分権配慮　相当数の自治体が、ある課題に関し、条例を制定して対応しているが、条例であるがゆえの限界も感じられている。そこで、法律を制定してその支障を除去してあげよう……。たしかにそれは、国の役割である。しかし、分権時代においては、法律の立法者の側にも留意すべき事項がある。地方自治法一条の二および二条一一項である。要するに、法律が自治体の事務について規定する場合には、自治体の自主性と自立性が確保されなければならないのである。

条例先行の場合　この点は、前述のような条例先行型の場合において、新規立法の場合よりも一層慎重に考えられるべきである。たとえば、独立条例として市町村条例が多く制定されている状況において、法律で「市町村長は……できる。」と規定すればどうなるだろうか。

二つの状況　二つの状況が発生する。第一は、条例を制定していた自治体に関しては、当該条例が法律との関係で並行条例となる。規制対象の側からみれば、二重規制である。第二は、条例を制定していない自治体に関しては、ある日突然、法律の規制が適用されることになる。

事務の押しつけ　いずれの場合にも、自治体の自主性と自立性の確保の観点からは、問題を生じうる。並

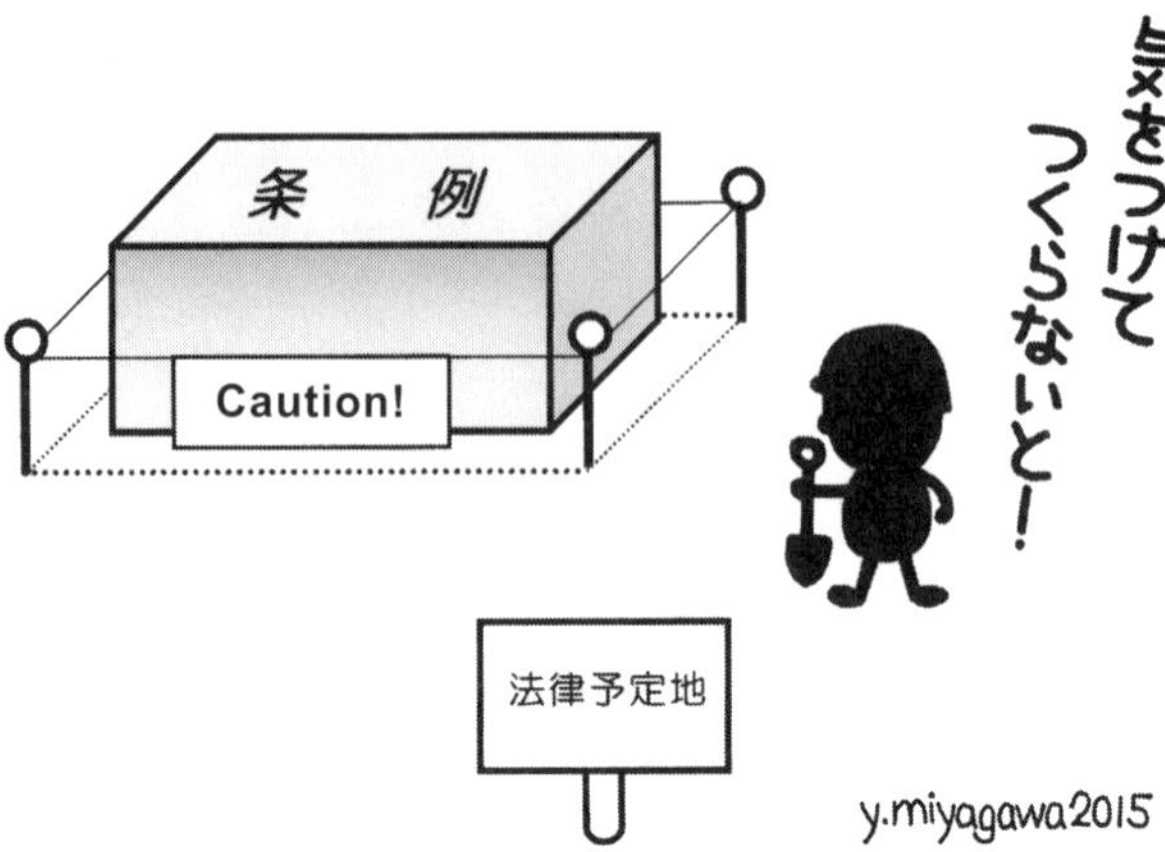

行条例となる場合、二重規制に合理性はないということになれば、おそらくは条例を廃止する選択がされるだろう。たしかに、現行条例では不十分であり、より踏み込んだ対応がしたいと考えている自治体にとっては、「法律様々」である。しかし、法律の規定内容ほどに強力な規制は不要と考えている自治体にとっては、法律規制は「大きなお世話」である。また、そもそも条例を不要と考えている自治体にとっても、「大きなお世話」であろう。

任意的事務の可能性　どのように考えればよいだろうか。法律による対応は必要であるが、それをすべての自治体に強制する必要はないとなれば、「市町村長は、……できる。」（義務的自治事務）とするのではなく、基本的に、「市町村長は、条例で定めるところにより、……できる。」（任意的自治事務）とするのがよいのではないだろうか。

法律規定のつまみ食い　このような法政策のもとでは、条例を制定している自治体は、法律制度の方が使い勝手がよいと判断すれば、条例改正をして、「市長は、法○条にもとづき、……できる。」と規定することになるだろう。法律に規定された手法のすべてを採用するか一部を採用するかは、自治体の立法裁量である。一方、法律が規定する手法を採用しないとなれば、住民からは「なぜだ」と指摘されるだろう。自治体は、従来からの仕組みの方が自分たちの地域には適合的だと説明しなければならない。面倒であるが、改めて条例内容の合理性を考えるいい機会ではある。

条例制定はしていないが検討はしている自治体にとっては、使い勝手がいい手法をつまみ食い的に規定すればよい。対応の必要がないと感じている自治体は、何もせずにいればよい。

対応を待つ余裕　コトが国民の生命健康に密接に関わるような急を要するものであれば、法律による一律的義務づけも、国民の福祉向上の観点から必要であろう。しかし、空き家はそうではない。昨日今日問題になったわけではない。自治を尊重して、法律の側が一歩引くことが、分権時代においては求められる。

〈**追記**〉私の主張とは異なり、空家対策特措法は、すべての市町村に事務を義務づけた。立法者は、「市町村長は……できる」と規定しているから裁量があると考えていたようである。しかし、それは誤解である。たしかに、空家対策推進計画や協議会設置は「できる」であり裁量がある。しかし、住民に対する措置に関して「できる」と規定された場合、事務自体は義務づけられており、状況次第では、権限行使をしないという裁量はなくなるのである。同じ「できる」でも、意味が異なる。

29

Separate, but Equal?

——空き家対策条例における県・市町村関係

空き家対策と県の役割　24でみたように、最近の自治体政策法務の実践例として注目されるのが、空き家適正管理条例である。制定主体は、ほとんどが市町村である。そこで、空き家対策事務は県の事務ではないと考えられるかもしれない。しかし、必ずしもそうではない。

制定されている市町村空き家条例の多くは、独立条例である。「適正管理義務づけ→違反に対する勧告→勧告不服従に対する命令→命令不履行に対する行政代執行」というのが、条例の典型的な仕組みである。

特定行政庁としての県　私は、地域的課題に政策法務的対応をするこうした条例を積極的に評価してきたのであるが、「ちょっと待て」と考えるようになった。それは、市町村に無理を強いる反面で、都道府県の責任を忘れさせる結果になっているからである。

建築基準法一〇条三項命令　「都道府県」というのは、少々不正確な表現である。「特定行政庁をおく都道府県」というべきであろう。特定行政庁には、建築基準法一〇条三項により、既存不適格建築物が著しく保安上危険な状態にあれば、除却を含む措置を命ずる権限が与えられている。

略式代執行と緩和代執行　市町村条例が究極の対応措置と考えているのは、行政代執行による除却である。

この措置は、行政代執行法によるのであるが、大きなハードルがある。前提となる除却命令は、命ずべき相手方がわからなければ発出できない。

この点、一〇条三項命令は、四項が九条一一項を準用していることから、「過失がなくてその措置を命ぜられるべき者を確知することができず、かつ、その違反を放置することが著しく公益に反すると認められるとき」には、特定行政庁は、当該措置を自ら行うことができる。いわゆる略式代執行である。さらに、九条一二項の準用により、一〇条三項命令を出した場合において、義務者がそれを履行しないときには、著しく公益に反しなくても、それだけで行政代執行が可能になるのである。いわゆる緩和代執行である。

なぜ茨の道を？

このように、建築基準法には、行政代執行法の特別法規定がある。独立条例では創設できないと解されているから、これに注目しない手はない。ところが、市町村の空き家対策条例は、行政代執行法によるとしている。まるで「茨《いばら》の道」を進むがごとくである。

市町村の担当職員に話を開くと、「規定してはいるが行政代執行など考えていない」という。おそらくその前提になる除却命令も出さずに、勧告を繰り返すのではないか。

命令をしないなら勧告どまりで

そうであるとすれば、特定行政庁をおかない市町村の場合には、空き家対策条例で規定するのは、助言・指導や勧告（そして公表）までにする。そして、それが受け入れられなかった場合には、都道府県の特定行政庁に対して、建築基準法一〇条三項命令を出してもらうよう要請するような仕組みにしてはどうだろうか。

当事者意識の欠如

推測するに、都道府県の特定行政庁事務を担当する建築指導部署は、著しく保安上危険な既存不適格物件に対して必要な調査をして指導や命令をするなどということは、念頭にはない。「空き家対応などは市町村の事務」と考えているように思う。事務の性質は、たしかにそうである。しかし、建築基準法上、事務は義務づけられているのである。特定行政庁の権限を事務処理特例条例で市町村に移譲するわけにはいかない。要するに、逃げられないのである。

協働で目的実現を　そこで、対応の前半過程を市町村が独立条例で担当し、後半過程を県が建築基準法で担当するという制度設計はどうだろうか。持ちこまれたら面倒と県が考えれば、市町村が勧告をした物件に対して補助金を出すかもしれない。勧告の決定にあたっても、技術的サポートをするかもしれない。分権時代においては、県と市町村の間においても、役割分担を踏まえた関係の構築が求められる。この可能性、さらに詰めて考えてみたい。

〔**追記**〕空家対策特措法は、建築基準法一〇条三項との関係を整理していないが、おそらくは特措法が優先適用されると考えていると思われる。一〇条三項と実質的に同内容の要件を、特定行政庁をおかない市町村が認定しなければならなくなった。なお、国土交通省は、特定行政庁をおく都道府県が協力すべきと考えて、その旨を「空家等に関する施策を総合的かつ計画的に実施するための基本的な指針」（二〇一五年二月二六日）で示した。妥当な認識である。都道府県は補完事務として、認定作業に積極的に協力してほしい。

30 半・独立条例!?
——空き家対策における県・市町村関係

フル装備条例としての市町村条例

　老朽化した空き家対策のための条例は、そのほとんどが、住民苦情を直接に受ける市町村の独立条例である。これは、調査、指導、助成、命令などの仕組みを備えたフル装備条例である。老朽空き家対策それ自体は、地域密着的課題であり、市町村の事務と考えられることから、私も、市町村の積極的な条例対応を応援してきた。

　しかし㉙で述べたように、「単純に市町村条例を推奨するだけでよいのか」と考えるようになった。その理由は、義務履行措置の現実性にある。

目標は解体

　行政担当者と話をすると、老朽空き家対策は、「いかに解体するか」に尽きる。「解体」という山頂に、行政指導と助成によって到達するルートもあるが、それだけでは十分ではないと考える自治体は、代替的作為義務である解体命令、そして、行政代執行法にもとづく除却代執行というルートも念頭において条例の制度設計をしている。

少ない行政代執行

　たしかにこれは、制度としては貫徹している。ところが、全体としてみれば、独立条例のもとで行政代執行は、実際には行われていないのである。もちろん、問題が解決していればよい。しかし、対象となる物件はあるにもかかわらず、実情はどうもそうではないようである。

できない理由　その理由は複雑であるが、ヒアリング結果を総合すると、次のようにまとめられる。①「不適正管理」という定義を条例で与えているが、専門家がいないため、その認定を自信を持ってすることができない、②行政代執行の経験がないため、適法にこれを行いうるのかに自信が持てない、③建物登記がされていない物件の場合には、命令の名宛人たる所有者を確定することが困難である。

かくして、対象者が判明した場合には行政指導が繰り返されるが、相手方も「どうせ強いことはできない」と足元を見てしまい、事態はなかなか改善されない。

完結しない工夫　独立条例を制定して独自の対応をしようという市町村の意気込みは評価できるが、身の丈にあわない制度設計をした結果になっている自治体が多いようである。そこで私は、独立条例の後半部分、すなわち、命令と行政代執行は、建築基準法のもとで特定行政庁になっている都道府県知事が、同法一〇条三項を活用することによって行うべきではないかと思うようになっている。

特定行政庁に仕事をさせよ　同項は、いわゆる単体既存不適格建築物が「著しく保安上危険」である場合に、特定行政庁に対して、除却命令を発出する権限を与えている。独立条例を制定している市町村の多くの区域における特定行政庁は、都道府県知事である。もっとも、都道府県にとっては、「空き家問題」は、市町村の事務と映るであろうし、同項の権限を老朽空き家に対して適用しようという意識はほとんどないのが実情である。なるべく「逃げたい」ようにみえる。

しかし、その権限の的確な行使は、法的義務である。市町村の独立条例を強調することは、都道府県のこの権限の存在意義を薄めてしまう効果を持ってしまうのである。

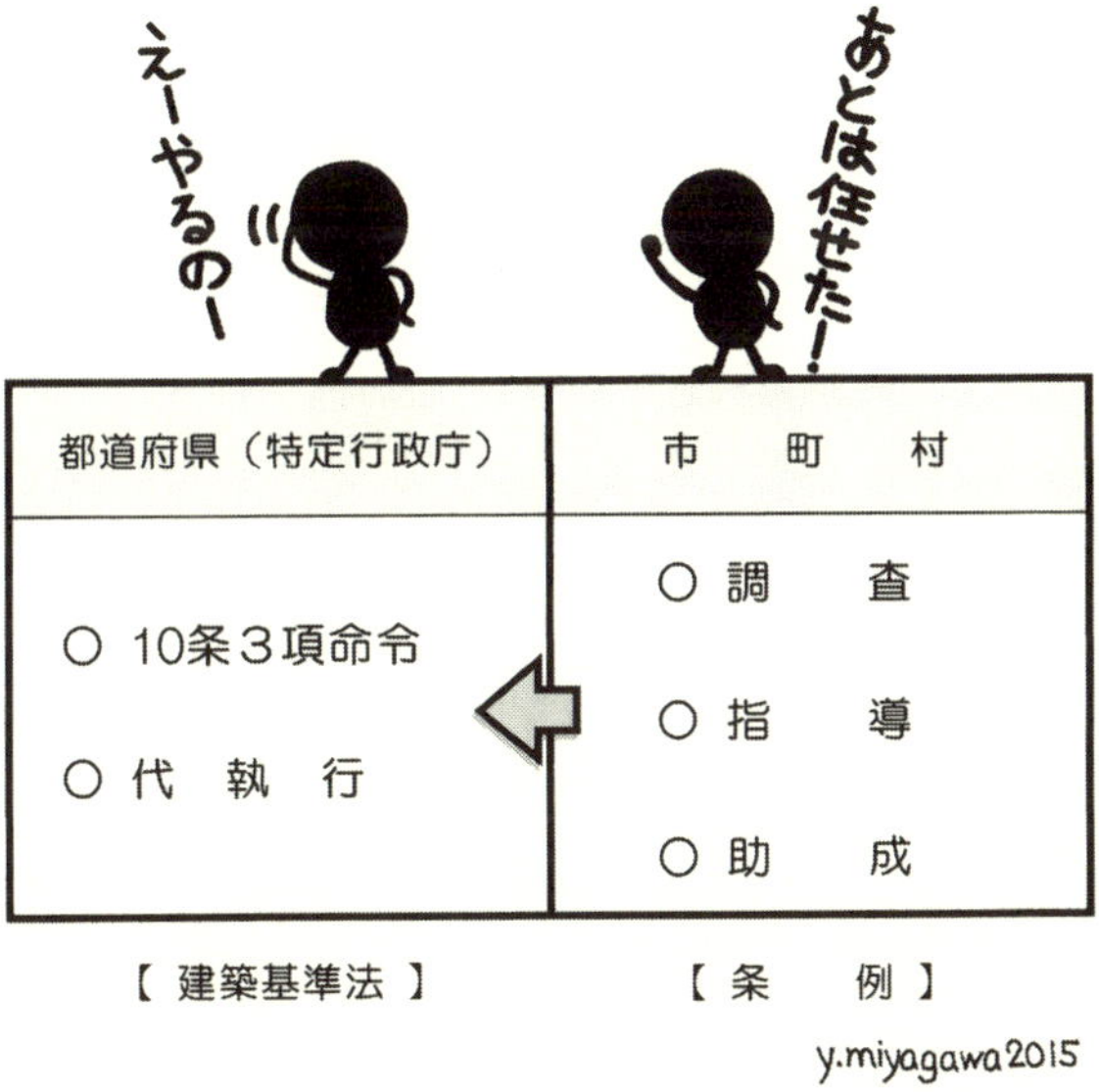

市と県のコラボ　そこで考えたのが、老朽空き家対策を、市町村の独立条例と都道府県の建築基準法の権限行使のコラボレーションで実施する方法である。すなわち、前半部分を市町村条例がカバーし、そこでは、調査、指導、助成までを行う。それでも問題が解決しない場合には、「市長は、建築基準法一〇条三項の権限行使を知事に要請することができる」という規定を設けて、特定行政庁の権限行使に期待するのである。

解体根拠は建築基準法　都道府県は、後半部分を担う。法律実施条例を制定し、市町村長の要請を受け止めたり、「著しく保安上危険」という要件を具体化したりする規定を設ける。建築基準法であれば、過失なく名宛人を確知できない場合であっても略式代執行が可能である。市町村からの要請を受けて経験を積めば、さらに能力が向上する。市町村が勧告の判断をする際には、都道府県の第三者機関に意見を求めるようにしてもよい。

市町村条例は、独立条例ではなく「半・独立条例」

でよいのではないか。新たな市町村・都道府県関係のモデルがみえてくる。

〔追記〕空家対策特措法の制定により、ここで述べたような運用はできなくなった。29でも述べたが、都道府県は、補完事務として、市町村の同法実施に積極的に協力してほしい。

31 言い訳の天才⁉
――建築基準法一〇条三項命令と老朽不適正管理家屋

行政職員の特性

やらない理由を考えることにおいて、行政職員は天才的である。中央と地方とを問わず、私は、行政職員とはおつきあいが多い方である。実態調査も多くしているが、二〇年以上の経験を踏まえて、このような実感を持っている。

建築基準法一〇条三項命令の場合

この確信をさらに強めるような場面に出くわした。既存不適格建築物に対して建築基準法一〇条三項命令が出せるかどうかをヒアリング調査していたときである。同項は、「特定行政庁は、……〔既存不適格建築物〕……が著しく保安上危険……であると認める場合において……保安上……必要な措置をとることを命ずることができる。」と規定する。

「著しい」状態のみの排除はできない

しかし、ある特定行政庁は、「命令は実際には出せない」という。その理由は、大要次のようなものであった。「著しい」という要件があるが、この命令は、その状態を除去するために必要かつ十分なこととしかできない。すなわち、「著しく保安上危険」な状態を「たんに保安上危険」な状態にまでしかできない。しかし、そうした状態に戻しても「著しく保安上危険」な状態になるのは目に見えている。そのようなことにしかできない命令は出せない。

根拠として出されたのは、（おそらくは国土交通省建築指導課が執筆した）建築基準法研究会（編）『建築基準法質疑応答集』（第一法規、加除式）の記述である。すなわち、「「単に」防災上危険である……〔でなく〕……著しく防災上危険であるといえる状態になければ、……命令をすることができない。……比例の原則にかんがみ、防災上の危険性の著しい状態を解消するために必要最小限においてのみすることが許される。」という。ミソは「必要最小限」である。「著しい性」を排除する限度でしか命令はできないと解釈しているのであろう。ここで、「著しい」と規定されたことの理由を考えてみる必要がある。

前提となる居住性　この命令は、既存不適格建築物の危険性を客観的に評価して、発出の判断がされることになる。しかし、それだけではないように思われる。制度の前提には、当該建築物に人が居住していることがあるのではないだろうか。正当な権原を持っているかどうかは別にして、生活実態がそこにあれば、客観的に危険であるとしても、その事実をそれなりに尊重せざるをえないからである。

一方、空き家であることが確認できたならば、そうした実態に配慮する必要はない。したがって、「著しい」という文言は、空き家の場合には少し緩和して解釈しても制度趣旨には反しないように思われる。

危険をゼロにするのも可能　また、「「著しく」をとるだけしかできない」という解釈は誤っている。前記解説が「比例の原則」といったのは、たとえば、除却という根本的解決しかありえないような場合にはそれを選択すべきであるが、そうでないならば補修で対応するべきという趣旨である。どのような場合であっても、「単に保安上危険な状態」にまでしか戻せないというわけではない。国土交通省建築指導課にヒアリングしたが、そのような解釈であった。

こわい内部監査　また、この特定行政庁は、「命令を出せば行政代執行につながるが、代執行費用が回収で

きない可能性が高い。「不良債権」なのであり、その点を内部監査で指摘され続けることになる。これは課として不名誉であるから避けたい。」とも語った。自分のことしかみえず、法治主義を逸脱していることに気がついていない。

「やれ」と規定していない　特定行政庁をおく別の自治体では、まさに「究極の」ともいえるような直球の言い訳を、間接的ながら聞いた（しかし、言われた本人から聞いているのでおそらくは本当）。それは、「やれと規定していないからやらなくてもいいんでしょ」である。たしかに、「命ずることができる」とあり、「命じなければならない」とはされていない。しかし、「やるな」とも規定していないのであるが…。この自治体では、建築基準法の適用を諦めて、独立条例としての空き家対策条例を制定した。

手強い行政　こうした実態に触れると、まったく暗澹たる気持ちになる。正々堂々と住民に言える理由だろうか。ブレーキを強く固く踏んでいるドライバーの足をペダルから離させるのは、相当難事のようである。

〔追記〕都道府県の建築指導課は、空家対策特措法の成立により、誰よりも「ホッとしている」ように思われる。そうであるからこそ、市町村が同法実施の過程で行う特定空家等の認定作業には、積極的に後方支援の協力をすべきである。もっとも、現場経験が必ずしも十分にないといわれる都道府県の職員にそれが可能かという問題はある。

32

激変緩和の自治的対応
――見附市固定資産税減免要綱

地方税法三四九条の三の二　老朽化して居住に適さない空き家であっても、所有者にとってはまったく無価値なのではない。それどころか、租税負担を回避させてくれるという意味において、十分に役立っている。その根拠は、地方税法三四九条の三の二にある。

住宅用地特例　この条文は、「住宅用地に対する固定資産税の課税標準の特例」に関するものである。土地であれば、市町村税である固定資産税が課税される。ところが、「専ら人の居住の用に供する家屋又はその一部を人の居住の用に供する家屋で政令で定めるものの敷地の用に供されている土地で政令で定めるもの……に対して課する固定資産税の課税標準は、……当該住宅用地に係る固定資産税の課税標準となるべき価格の三分の一の額」(一項)となる。面積が二〇〇㎡以下になれば、この額が六分の一となる(二項一号)。要するに、住宅が建っていれば、六分の六の満額を払わずにすむのである。

当然の前提　しかし、当然ながらこれは、「居住の用に供する」に足りる家屋であることが前提である。現在、問題になっている家屋の多くは、現実に無人であり、また、居住するには危険であることが多い。すなわち、この特例の対象とはならないものなのである。ところが、市町村が字義通りに解釈して特例を外しているかといえば、一般にはそうではない。

激変を嫌い放置　老朽化した空き家が道路上に倒壊すれば、通行人などに被害が生じる可能性がある。所有者には家屋を適正管理する責務が一応はあるから、自主的に解体することが期待されている。しかし、解体をして更地にすれば、住宅用地特例の対象外となり、固定資産税額が激増する。それを嫌う所有者が解体をしないで放置することが、空き家問題の一因となっている。

激変緩和　見附市は、二〇一二年六月に、「空き家等の適正管理に関する条例」を制定した。その内容は、先に制定されていた同種条例を参考にしたものであるが、同市において特徴的なのは、別に「見附市老朽危険空き家等の所在地に係る固定資産税等の減免に関する要綱」を制定して、激変緩和をしつつ解体を推進しようとしている点にある。

見附市の工夫　市長が老朽危険空き家と認定して空き家等登録リストに登載した家屋について、緊急時に市長が安全措置を講ずることの同意書を管理義務者に提出してもらう。この家屋が解体されたりして住宅用地特例が解除された場合、解除される年度およびその翌年度にかぎって、減免を継続するのである。

地方税法三四九条の三の二には、こうした措置を講ずることができる旨の明文規定はない。しかし、禁ずる規定もない。見附市は、自治的解釈によって、空き家適正管理条例という独立条例の目的を実現するために、支援策として、固定資産税の減免という経済措置を用いたのである。二〇一四年において、二〇棟のリスト登録家屋のうち、一〇棟の管理義務者が同意書を提出しているという。

現場をみての地域特性適合　もっとも、スジ論からいえば、空き家等登録リストに登載されるような家屋は、そもそも住宅用地特例の対象にするべきではない。しかし、現実問題として、六分の六の課税となれば、滞納が発生しないともかぎらない。見附市は、リストに登載されても特例措置の対象から外すことはしていない。そのようにはしないという前提に立ちつつも、激変緩和を図るために固定資産税制度を利用したのである。同市なりに分権法治主義を追求した政策法務対応といえるだろう。

〔追記〕空家対策特措法の成立を受けて、平成二七年度税制改正大綱のなかで、同法のもとで勧告を受けた物件が存する敷地については、住宅用地特例を廃止することが決定された。これは、「北風政策」であり、見附市の「太陽政策」とは相容れない。見附市としては、同法のもとで指導をされた物件について、この要綱を存続することになるのだろうか。あるいは、六分の六としたうえでその適用を猶予すると改正するのだろうか。

33 比較にならない大津波
——空きマンション問題

超ド級の難題　同じく住居に関する問題でも、老朽空き家対策と比較して、頭がくらっとするほどの難題がこの国にはある。それが「空きマンション問題」である。

好調なマンション建設　マンションは、かつてバブル期に多く建築された。リーマンショックを経て現在も、増加傾向にある。人口が減少しているのに、である。一世帯あたりの人数が少なくなっているにしても、それを上まわる勢いで戸数が増加しているように感じる。何が発生するだろうか。

高い空室率　とりわけ地方都市や大都市圏郊外部のマンションにおける「空家率」の増加である。詳細なデータは承知していないが、五〇%を超えるような物件も相当にあるだろう。それが賃貸住宅ならば、管理者が諸問題に対応するだろうし、それにあたっての権利関係も、それほどは複雑ではない。問題は、分譲マンションである。

崩れる需給バランス　そもそも分譲されなかったがゆえに空家になっている割合がどれくらいあるのかは定かではない。ここでは完売の場合を念頭におこう。完売であるからといって、入居がされているわけではない。それどころか、オーナーはそこにはおらず、賃借人を探しているけれども借り手が見つからない状態で空

家となっている部屋はかなりあるはずである。ワンルームマンションの場合に、そうした傾向は強くあるだろう。最近、越後湯沢で、ワンルームマンションを一二〇万円で売りに出したがさっぱり買手がつかないという話を聞いた。

管理不全の予兆　維持管理費は適切に積み立てられているのだろうか。管理組合は機能しているのだろうか。長期修繕計画のための費用の積み立てはどうだろうか。数十年を経過すると、管理状態が劣悪化し、それがいよいよ「人離れ」を招来するという悪循環が現実のものとなるのではないか。まったく誰も住まないマンションも出てきそうである。

鉄筋コンクリート造りであるから、戸建ての老朽空き家のように、倒壊のおそれはないだろう。しかし、壁面の剥離・落下のおそれはあるかもしれない。

共同住宅ゆえの難しさ　低い入居率のままに放置することにより、安全上・治安上、種々の問題が発生する。しかし、共同住宅という性質上、権利関係の複雑さは、戸建て住宅の比ではない。行政が交渉をしようとしても、管理組合が機能していないような場合も出てくるだろう。本当は、壊した方がよいとしても、合意の上でそれを実現するのは容易ではない。合意がされたとしても、解体費用が捻出できないかもしれない。戸建て住宅なら、解体費用は一〇〇～二〇〇万円ほどであるが、マンションの場合は、そう簡単にはいかない。地域のことは市町村の事務だといっても、専門的判断ができるような職員がいるわけではない。それでは、都道府県の事務かとなるが、住民の顔が見えるような事務を、都道府県は一般にやっていない。押し付け合いになるのは、目に見えている。

強制措置はできない　「存続させるべきマンション」の空き部屋に「消失させるべきマンション」の住民を強制入居させるわけにはいかない。そんな仕組みは、憲法違反だろう。後者マンションの住民に相当の課税をして「いぶり出す」こともできない。

まさに国の事務？　老朽空き家問題のすぐ後には、空きマンション問題が控えている。直感的には、この問題は、市町村の手に余る。都道府県も手を出さないだろう。そうすると国が動くしかない。無計画な住宅政策により発生した外部不経済の責任を負うという意味で、国の事務になるのだろうか。

東京都内でも、なおマンション需要は多く、建築も盛んである。工事現場の横を通るたびに、この問題に想いをはせ、そして暗澹たる気持ちになるのである。

34 全国統一条例!
――暴排条例現象に想う

暴排条例全国制覇　二〇〇九年に制定された福岡県暴力団排除条例に端を発したこの独自条例は、その後、まさに燎原の火のごとき勢いで拡大し、二〇一一年制定の沖縄県条例をもって、全国の都道府県で制定されるに至った。全国制覇である。

暴力団排除条例（暴排条例）は、法律とは関係のない独立条例である。そうしたものがこれほど短期間に制定されたのは、史上初のことであろう。

かねてより私は、自治体が相互に連携して、法政策が適用される地理的範囲を拡大していく方式として、ほぼ同内容の条例を共同歩調をとって制定する統一条例を提案してきた。ここで念頭においていたのは、市町村条例であった。安易に都道府県に頼るのではなく、地域の協力によって「中域的対応」を実現しようというのである。

実質的全国統一条例　ところが、今回は、都道府県条例である。全国統一条例といってもよい。両者の関

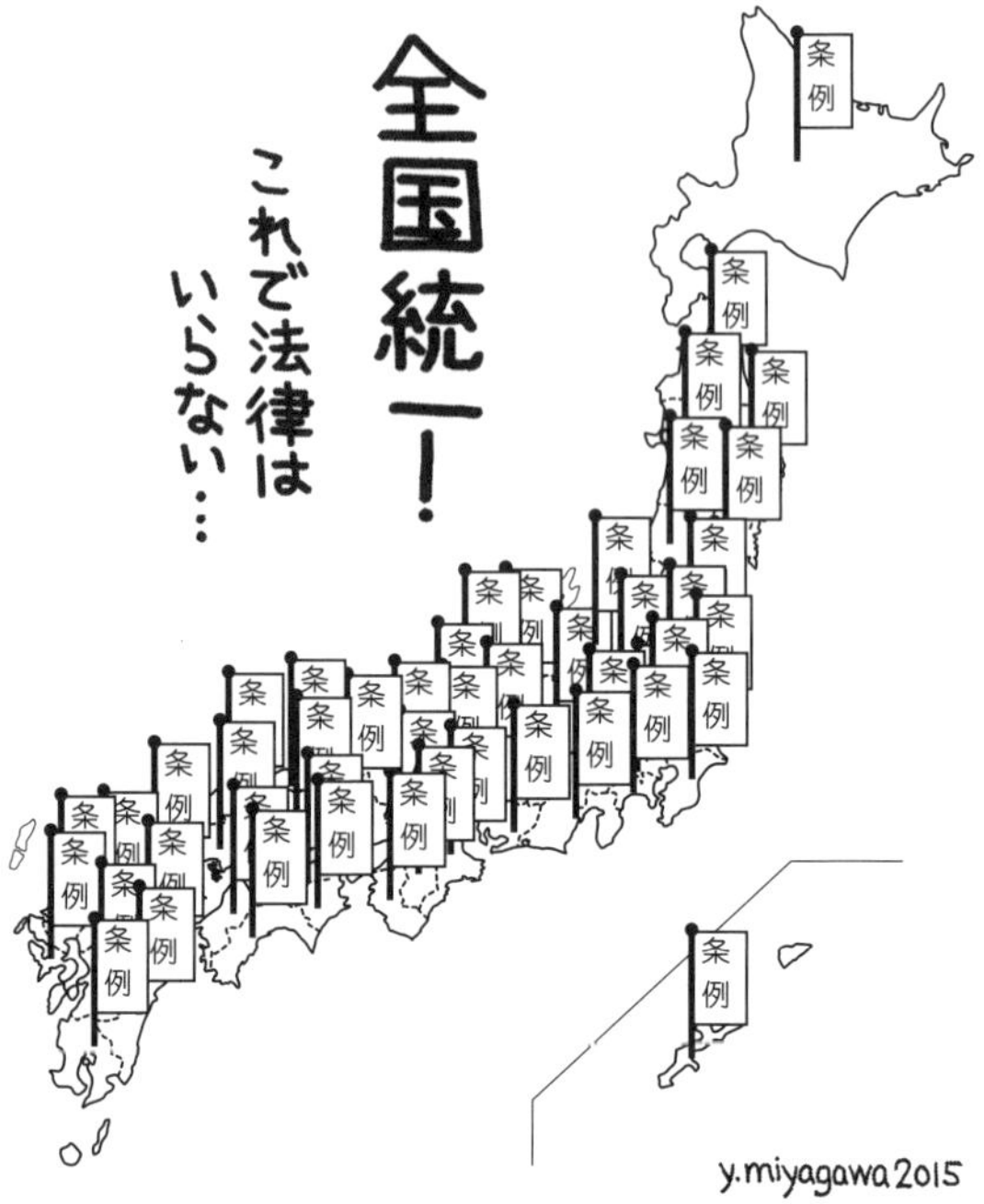

係は問題になるが、市のなかにも暴排条例を制定する自治体があり、数はさらに増加しそうである。「暴排条例現象」といえるこの動きを、どのようにとらえればよいだろうか。

暴排条例の概要　暴排条例とは、民間の経済取引や事業活動からの暴力団排除を促進することを主たる目的とする条例である。債権取立てに暴力団を利用することや暴力団の活動をサポートする結果になるサービスの供給者となることを禁止している。民間事業者であっても、場合によっては、勧告、公表、罰則の対象になる。所掌は公安委員会となっており、きわめて警察色の強い条例である。

兵糧攻め　一種の兵糧攻めである。暴力団対策としては、これまで、刑事関係法の適用を通した「警察vs.暴力団」という構図であったものに加えて、民事契約関係を通した「民間事業者vs.暴力団」という構図を制度化したものといえる。たとえば、差出人が暴力団と書いてあれば、宅急便の申込みを受けてはならない。

民間事業者を最前線に　暴力団としては、これまでは当然にできたことができなくなるわけであるからとまどいもあるし、キレることもあるだろう。何がセーフで何がアウトかという線引きが難しい場面もある。トラブルは、会議室ではなく現場で発生する。そうしたことの最前線に民間事業者をおくというのが暴排条例である。

暴力団関係トラブルがきわめて多い福岡県であれば、県民議論のなかで、あるいはこうした任務も県民事業者が背負うという共通合意があったのかもしれないが、ほかの都道府県ではどうなのだろうか。警察筋の依頼を受けて、勢いで制定したのではないだろうか。警察ＯＢを「用心棒」として民間企業が雇うという（意図せざる）効果はあるに違いない。

国法制定の可能性　それはさておき、全国統一条例の将来である。果たしてこれは、国法になるのだろうか。このような状況になった以上は、民民契約からの暴力団の排除が地域的問題ということはできない。このようになってもなお国法で対応しないというのであれば、中央政府がお好きな「全国統一的対応の必要性があるから法律」なるフレーズは使えなくなるだろう。

公営住宅条例への暴力団員排除条項の追加依頼にみられるように、中央政府は、どうも内閣法制局を回避してバイパス的に条例を使う傾向があるのではないだろうか。こういうときにだけ「地域の自己決定」を求められるのは、地域にとって迷惑である。本来、公営住宅法マターである。

次は許可基準　ところで、民間業者をそれなりに危険な目に遭わせる以上、行政が汗をかかないでいいはずはない。次は、法定自治体事務となっている許認可基準に暴排条項を挿入することだろう。これができてはじめて「車の両輪」といえるかもしれない。

中央政府も、暴排条例や公営住宅条例が全国化した（させた）以上、こうした横出しリンク型条例を否定する議論をするわけにはいかないのではないか。

35

キツイ一撃！
――暴力団員該当性判断の危うさ

宮崎地判平成二三年一〇月三日　控訴審では取り消されたのであるが、ある判決（宮崎地判平成二三年一〇月三日判タ一三六六号七七頁）が、波紋を広げた。生活保護申請者が暴力団員であるために開始要件を充たさないとしてなされた却下処分が、そうした事実があるとはいえないとして取り消されたからである。全国の生活保護行政現場が凍りついた。

生活保護申請却下処分　本件原告は、十数年間にわたってとある暴力団に所属していたが、平成一五年ごろに脱会届を出した。同人は、生活困窮状態にあったため、平成二二年に生活保護開始申請をしたところ、生活保護法四条一項が規定する資産・収入の活用要件を充たしていないとして却下された。

暴力団は十把一からげ　生活保護法には、正面から暴力団員であることを欠格要件とする規定はない。厚生労働省社会・援護局保護課長通知「生活保護行政を適正に運営するための手引について」（平成一八年三月三〇日）は、暴力団員は集団的・常習的に違法・不当な収入を得ている蓋然性が極めて高いゆえ、稼働能力要件および資産・収入の活用要件を充たさないとしている（過剰包摂だろう）。

警察情報を踏まえ判断　原告が暴力団に所属していたことは宮崎市も知っていたため、それを確認すべく、宮崎県警本部に照会をかけた。そして、「暴力団員である」旨の情報提供を受けた。それゆえ申請を却下したのである。

判旨　判決は、大要次のように説示する。⑴警察による暴力団員登録は、絶縁状や破門状が出された場合以外は、本人が現実に脱退していてもすぐには抹消されないし、随時更新もされていないため、その正確性に問題がある。⑵警察から暴力団員該当との情報を受けても、市は、本人や近隣住民を含む関係者に対して独自に確認調査をしてその心証にもとづいて自律的に判断をすべきである。本件についていえば、原告は、暴力団に所属して収入等を得ていたとは認められないため要保護者なのであり、それにもかかわらず申請を却下したのは、生活保護法一九条一項に反して違法である。

計りしれぬインパクト　この事件は、却下処分をした宮崎市にのみ影響するものではない。暴力団員であることを理由に申請を拒否できると明示的に規定する法律および条例は多く制定されており、その該当性判断について、行政は警察からの情報に依存しているからである。

「廃棄物の処理及び清掃に関する法律」（廃棄物処理法）もそうであり（一四条五項二号ロ）、警察に対する照会手続が明記されている（二三条の三～二三条の四）。また、いわゆる暴排条例がすべての都道府県で制定され、さらには、横出しリンク型法律実施条例を制定して、許認可基準にも「暴力団員であること」を含めようとする動きもある。現行法の規定も含め、すべてが警察情報に依存しているのである。宮崎地判の一撃は、制度の根幹を大きく揺さぶった。

つらい行政　宮崎地判の説示はまことにその通りなのであるが、とりわけ⑵を行政に求めるのは、かなりつらい。情報を提供しても参考資料程度にしか扱われないとすれば、警察は協力するだろうか。廃棄物処理法は、「意見を述べることができる」と規定するが、これを義務的にせざるをえないだろう。そうした規定を欠く他の法律についても対応が必要である。また、本人に対する聴聞的手続はよいとしても、近隣住民に対して調査などできるものだろうか。プライバシー保護の観点から大いに問題である。

曖昧な暴力団概念　より根本的に考えるべきは、「暴力団員」という文言である。これは、「暴力団による不当な行為の防止等に関する法律」（暴力団対策法）二条六号が規定する法律用語であるが、実は、外延がきわめて曖昧である。暴力団員基本台帳法があるわけでもなく、判決のいうように、信頼性にいささか問題がある警察の暴力団情報にもとづいているのみなのである。法制度的担保がない。

正確な情報の必要性　そもそも警察の暴力団情報は、行政の許認可に利用するために整備されたものではない。暴力団排除は正当な政策であるが、それを支えるインフラの脆弱性は、何とかしなければならない。

36 カタギにならせて！
——個人情報としての暴力団情報

欠格要件としての暴力団条項

許可などの基準として、暴力団員であることを欠格要件とする法律や条例がある。たとえば、公営住宅条例の多くには、「その者又は現に同居し、若しくは同居しようとする者が暴力団員による不当な行為の防止等に関する法律（平成三年法律第七七号）第二条第六号に規定する暴力団員（以下「暴力団員」という。）でないこと。」という規定が含まれている。

こうした暴力団員条項の背景にある発想は、「暴力団をやめれば不利益は受けない」ということであろう。「退団のススメ」といってよい。

オレはやめた！

そのように考えて、暴力団をやめた人がいるとしよう。そんなに簡単にやめることができるのかどうか、また、やめたことをどのようにして証明するのかという問題はあるが、とにかく、本人は、「退団」して「絶縁状」も出されているとしよう。

判断するのは警察

それでは、その次の日（廃棄物処理法は、五年経過後）から許可申請ができるかとなると、現実にはそうはいかない。暴力団員であるかどうかは、警察の情報によって決まるからである。

申請を受けた行政は、警察に照会をする。廃棄物処理法や一部の公営住宅条例のように警察本部に対する照

会手続が法定されていることもあるが、そうでなければ協定のようなものが締結されていることが多い。照会を受けた警察は、独自の情報をもとにして、行政に対して該当・非該当を通知する。本人がやめていても、警察がその人の情報を消除してくれないかぎり、やめたことにはならないのである。

せっかくやめたのに…　本人にとっては不本意であろう。そこで、個人情報保護条例を用いて是正を求めるかもしれない。警察本部長も実施機関である。まず開示請求である。本人請求になるが、これを拒否することを正当化する根拠規定は、条例にはみあたらないように思われる。暴力団情報のなかに、本人の名前が含まれている情報が開示されたとしよう。

個人情報の是正要求　そうすると、是正である。条例には、次のような規定があるのが普通である。「何人も、……開示を受けた自己の個人情報に事実の誤りがあると認めるときは、実施機関に対して、その訂正……の請求をすることができる」。これにもとづいて、是正請求がされたとしよう。

訂正請求を受けた警察であるが、おそらくはそれに応じないだろう。本人がやめたといっているだけで実際にはまだ暴力団員として活動をしている、たしかにやめたようであるが復帰する可能性もあるので数年間は様子をみる必要がある、など理由は様々である。

取消訴訟と義務付け訴訟　そうなると、請求拒否処分に対して取消訴訟と是正義務付け訴訟が提起されるだろう。裁判所は、どのように判断するだろうか。警察の言い分を認めそうな気がする。

身から出たサビ　本当にやめた人にとっては、憤懣やるかたない結果である。こんなことになるならやめるのではなかったと感じるのではないだろうか。反社会的勢力である暴力団に一度は入ったことが原因であるから、身から出たサビといえばそうであるが、退団を奨励している法政策と矛盾しているようにも感じる。

暴力団員基本台帳法？　そもそも警察の暴力団情報は、捜査の必要性の観点から独自に収集・整理されているものである。行政からの照会に応じて、信頼性のある資料として利用することは想定されていない。警察官と話をすると、「暴力団員に人権はない」と考えているように感じるが、そうであるとすれば、余計に正確性の確保には向かいにくい。暴力団員の数が減少して、警察がトクをすることは何もない。暴力団員基本台帳法でもあればよいのだろうが、もとより望むべくもない。警察情報以外に利用できる情報がないのが実情である。

再び、正確な情報の必要性　暴力団員条項は、今後、より多くの法律に規定されるだろう。しかし、その正確な確認は相当に困難である。正面から論じられることはなかったように思うが、国家にとって、相当に重要な論点である。

37

信じる者は救われる（かも）？
——暴力団条項と欠格要件

合理的差別としての暴力団条項

暴力団員といえども国民であり、憲法のもとでは、基本的人権が保障される。とはいえ、「合理的な差別」はある。そのひとつが、法律に規定される「暴力団条項」である。すなわち、許可基準として、「暴力団員による不当な行為の防止等に関する法律（暴対法）二条六号に規定する暴力団員」という規定を設け、暴力団員を一律に排除するのである。

四六法律が規定

いわゆる暴排条例は、暴力団員に対して契約上のサービス提供をしないようにするという意味において、私法関係から暴力団員を排除することを企図する。これに対して、暴力団条項は、許認可制度という公法関係から暴力団員を排除することを企図している。「暴力団員による不当な行為の防止等に関する法律」を入れて総務省法令データベースで検索をすると、同法以外に四六法がヒットする。

条例への拡大

ところで、暴力団条項は、国の法律にだけ入っているわけではない。独自に許認可制度を設ける独立条例で規定することも可能である。公営住宅条例が典型例である。それに加えて、最近増加しているのは、法律実施条例のなかで暴力団条項を規定する例である。この対応は、枠付け緩和方策を規定した第一次一括法・第二次一括法に対応するために制定された条例にみられる。

京都府条例の対応　児童福祉施設、老人福祉施設、各種障害福祉サービス・介護保険サービスにかかる施設等の人員、設備、運営等の基準は、「従うべき基準」に即して条例で規定することが、関係法によって求められている。たとえば、京都府は、児童福祉法二一条の五の一八にもとづいて、「児童福祉法に基づく指定障害児通所支援の事業の人員等の基準等に関する条例」を制定した。申請者要件を規定する四条は、「法第二一条の五の一五第二項の条例で定める者は、法人（京都府暴力団排除条例（平成二三年京都府条例第二三号）第二条第四号イ及びエに掲げる者を除く。）とする。」としている。除かれているのは暴力団員である。要するに、暴力団員には申請資格がないのである。

適切な法政策であろう。ただ、実施にあたって気になることがある。申請者が暴力団員かどうかをいかにして確認するかである。

警察情報への完全依存　暴力団条項を有する廃棄物処理法は、二三条の三および二三条の四によって、知事から県警本部長への照会および県警本部長から知事への回答を規定する。こうした明文規定がなくても、多くの場合は、両者の間に協定のようなものが締結され、同様の運用がされている。

宮崎市事件と二判決　しかし、警察情報の正確性は、担保されているわけではない。35でみたように、宮崎地判平成二三年一〇月三日判タ一三六八号七七頁は、警察情報を信用できないとした（ただし、福岡高宮崎支判平成二四年四月二七日賃金と社会保障一五六九号四三頁により取り消された）。

担保されない即時的正確性　警察関係者と話をすると、たとえば、「絶縁状」なるものを出してきたとしても偽装の場合もあるとのこと。申請者が「昨年退団しました」といってきても、リストに掲載されている可能性は高い。暴力団員基本台帳法はないので、情報の即時的正確性は制度的に担保されていないのである。

立場の弱い行政　警察とすれば、「行政から聞かれたから手元データをもとにして情報提供する」というだけであろう。行政は、独自調査などできるはずもなく、それを信じるしかない。不許可処分が争われれば、被告は行政となるが、そのときに警察はどの程度協力してくれるのだろうか。

余分な情報も警察に　行政から警察に対して大量の情報が提供されることも、気になる点である。「怪しい申請者」を特定して警察に照会するわけにはいかないため、全員の情報が提出されるのではないか。これは、通常ならば、警察が入手できないものである。それが目的外利用されないという保障はどこにもない。

暴力団排除は適切な法政策であるが、それをいかに合理的に制度化するか。難しい問題である。

38

意外に広い可能性？
――従うべき基準と暴力団条項

暴力団条項と条例　「条例制定権の拡大」というほどには自己決定を広く認めていないと評判の悪い第一次一括法・第二次一括法による「枠付け緩和措置」であるが、子細にみると、そうでもないものもある。それが、申請者基準としての暴力団条項である。

これは、改正前の法律においては明示的には規定されていなかった内容である。それだけをみれば、横出しリンク的措置といえるのであるが、なぜこれが可能になったのだろうか。介護保険法を例にして確認してみよう。

介護保険法の場合　介護保険法は、第一次一括法により改正を受けた。改正内容のひとつとして、指定居宅サービス事業がある。このサービスを実施する事業者は、都道府県知事の指定を受けなければならないが、その指定基準は、同法七〇条二項において、消極要件として規定されている。そのひとつに、「申請者が都道府県の条例で定める者でないとき」（一号）がある。この一号要件に関しては、「厚生労働省令で定める基準に従い定めるものとする」（同条三項）。

法律は「法人」とのみ規定　この厚生労働省令は、具体的には、介護保険法施行規則一二六条の四の二である。同条は、「法第七十条第三項の厚生労働省令で定める基準は、法人である」と規定する。すなわち、指定居宅サービス事業を営もうとするには、法人であることが求められているのである。

福岡県条例の対応　これを受けて、たとえば、福岡県は、今回の枠付け緩和対象となった法律のいくつかに関する条例を、「社会福祉施設等の運営等から暴力団関係者の排除を図るための関係条例の整備に関する条例」という一括条例を通じて制定した。

指定居宅サービス事業者の申請者については、「福岡県介護サービス事業等の人員、設備及び運営の基準等に関する条例」が改正された。同条例二八条一項柱書は、法人に関して、「法人（次に掲げる法人を除く。）」として、「その役員等のうちに、暴力団員又は暴力団員でなくなった日から五年を経過しない者がある法人」（一号）、「暴力団又は暴力団員がその事業活動を支配する法人」（二号）など六種類の「暴力団関係規定」を設けたのである。こうした措置は、同条例のほかの部分にもみられるほか、児童福祉法や障害者自立支援法に関する条例についてもなされている。これまでも運用上対応されていたであろう申請者要件をこの際明確にしたのは、画期的である。

「従うべき基準」を読み込む　さらに注目されるのは、この措置が、「条例の内容を直接的に拘束する、必ず適合しなければならない基準」である「従うべき基準」に関する条例対応として規定された点である。たしかに、省令基準は、「法人」とするのみである。したがって、法人以外の者を指定対象とするならば、それは「従うべき基準」に反しているけれども、どのような法人にするかについては、「読込みの余地」があるということになる。こうした対応を最初にしたのは、京都府であった。自治的解釈として評価できる。

地域特性を踏まえた具体化　従うべき基準については自治体の独自色を出す余地がないという理解が一般

的であるように思われるが、実際にはそうでもないことが実証されたといえる。これは、「従うべき基準」の詳細化・具体化である。基準に従わなかったのではなく（法人であるべき点では従っている）、地域特性を踏まえてその内容をさらに限定したのである。要件が加重されているとみれば、上乗せと整理することもできよう。数値が示されているのでないかぎりは、地域特性を踏まえた基準化は可能なようである。

上記三法および社会福祉法、介護保険法、老人福祉法については、施設整備・運営に関する参酌すべき基準を踏まえての条例として、福岡県は（同基準は暴力団について触れないが）暴力団条項を入れている。このようにみると、自治体が独自性を発揮できる余地は、意外とあるのかもしれない。

著者紹介

北　村　喜　宣

上智大学法科大学院長。1960年京都市生まれ。1983年神戸大学卒業、1998年カリフォルニア大学バークレイ校大学院「法と社会政策」研究科修士課程修了。横浜国立大学経済学部助教授、上智大学法学部教授などを経て、2014年より現職。

専攻は、行政法学、環境法学、政策法務論。法律にもとづく自治体の事務に関して、自治体がいかにそれを地域特性適合的に適用できるかについての法解釈や法政策を思索し、自治体行政への参画を通して、それを実践している。

主要単著として、『環境法〔第３版〕』（弘文堂、2015年）、『自治体環境行政法〔第６版〕』（第一法規、2012年）、『分権政策法務と環境・景観行政』（日本評論社、2008年）、『分権改革と条例』（弘文堂、2004年）がある。主要共編著として、『重要判例とともに読み解く個別行政法』（有斐閣、2013年）、『自治体政策法務』（有斐閣、2011年）がある。


2015年（平成27年）５月12日　初版第１刷発行

定価はカバーに表示してあります

著　者　北《きた》　村《むら》　喜《よし》　宣《のぶ》
発行者　大　田　昭　一
発行所　公　職　研
〒101-0051
東京都千代田区神田神保町２丁目20番地
TEL　03-3230-3701（代表）
03-3230-3703（編集）
FAX　03-3230-1170
振替東京　6-154568

ISBN978-4-87526-346-3　C3031　http//www.koshokuken.co.jp/

落丁・乱丁はお取り替え致します。　PRINTED IN JAPAN　　印刷　日本ハイコム㈱
ISO14001 取得工場で印刷しました